カスタマイズできるウェディング＆カラードレス
Wedding & Color dress

野中慶子　岡本あづさ　松尾一弘

文化出版局

contents

女性がいちばん輝く時に身に着けるウェディングドレス。
かわいい、華やか、清楚、可憐、厳か、妖艶、きれい、ゴージャス、
自分に似合うイメージはどれでしょう？
カジュアルからクラシックまで対応できる
5つのシルエット別のバリエーションにしました。
お色直しにも応用でき、
素材を替えるだけで雰囲気も変わります。
手作りのウェディングドレスを着て花嫁となる日、
人生最高の記念日を迎えてください。

エンパイアライン

12

Aライン

04

プリンセスライン
20

マーメイドライン
28

style 5
*B*ustle line

バッスルライン
36

How to make
44

原型について
87

style 1 A-line

基本

Aライン 基本
ベアトップのシンプルなAラインです。採寸をし、さらに身頃の部分はシーチングなどの別布で仮縫いしてみましょう。
How to make ☞ p.46

パターンの操作
基本のパターンは付録の1・2面にS、M、ML、Lにグレーディングした実物大パターンが入っています。「文化式原型成人女子」からの製図の割り出し寸法を右ページに記載しました。

基本のパターン（1・2面）

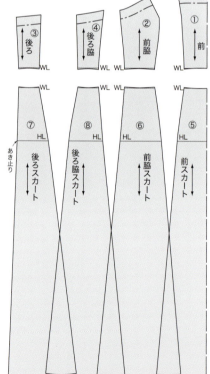

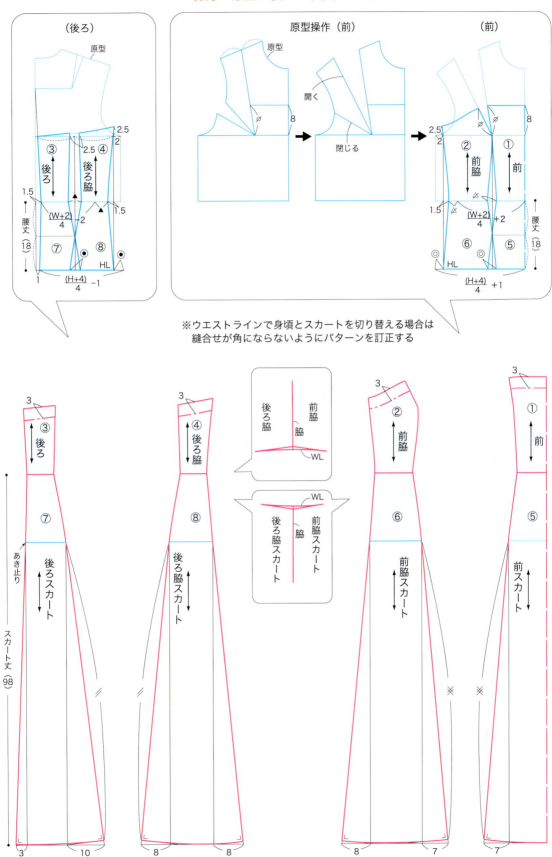

Style 1 ✽ A-line

応用 1

Aライン 応用1

基本パターンの土台の上に、レースを重ねたデザインです。前後ヨークと袖のパターンを追加し、清楚な一着に。重ねたレースの部分は、縫いやすさを考慮して、切替えのないパターンに展開しました。

How to make ☞ p.48

パターンの操作

土台に重ねたレースのパターンは、前(①)と前脇(②)、後ろ(③)と後ろ脇(④)をそれぞれ突き合わせて胸ぐせのダーツ分をウエストの切替え位置にタックをたたんで処理しています。前スカート(⑤)と前脇スカート(⑥)、後ろスカート(⑦)と後ろ脇スカート(⑧)をウエストの切替え位置にタックをたたみ、縫い目を省いたレース地に適したソフトプリーツの仕様です。

基本のパターン(1・2面)

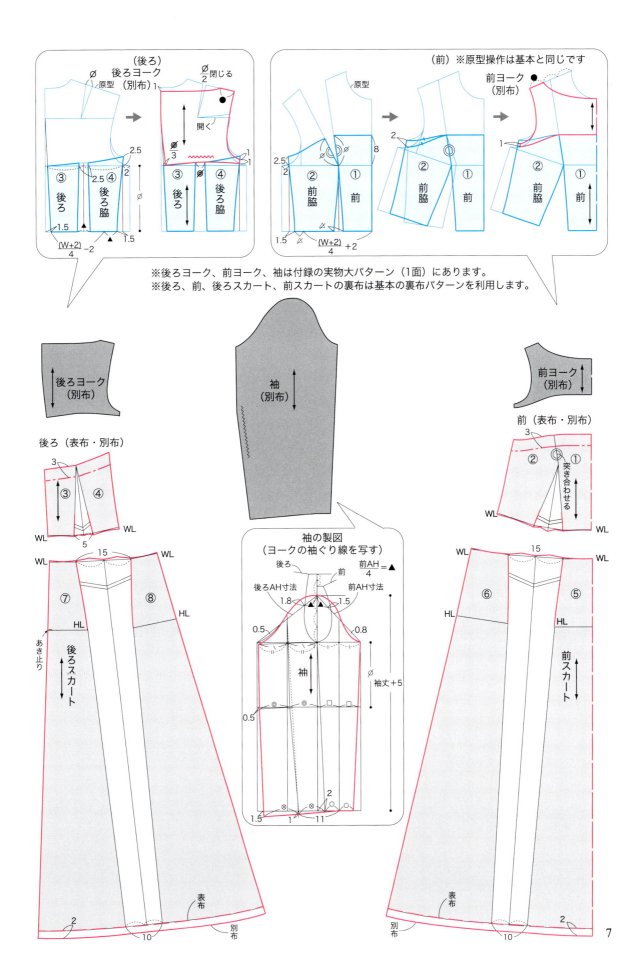

Style 1 ✻ A-line

応用 2

Aライン 応用2

基本を土台としてその上にレース地を重ねています。胸もとと裾回りにドレープを寄せた飾り布と簡単に作れる巻きバラで華やかさをプラスしました。身頃は応用1と同様に、基本の土台の上にレース地を重ねて一枚仕立てにしています。
How to make ☞ p.50

パターンの操作

ドレープを寄せた飾り布は、前(①)と前脇(②)、後ろ(③)と後ろ脇(④)をそれぞれ突き合わせて胸もとのパターンを引き、ドレープ分を切り開きます。前スカート(⑤)と前脇スカート(⑥)、後ろスカート(⑦)と後ろ脇スカート(⑧)の切替えにギャザー分を入れ、ウエストの切替えはギャザーを寄せて始末しました。レース地の仕立てに適した仕様です。

基本のパターン(1・2面)

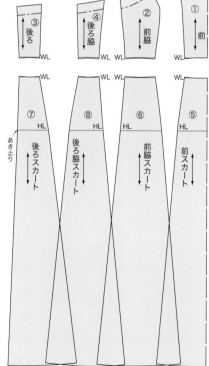

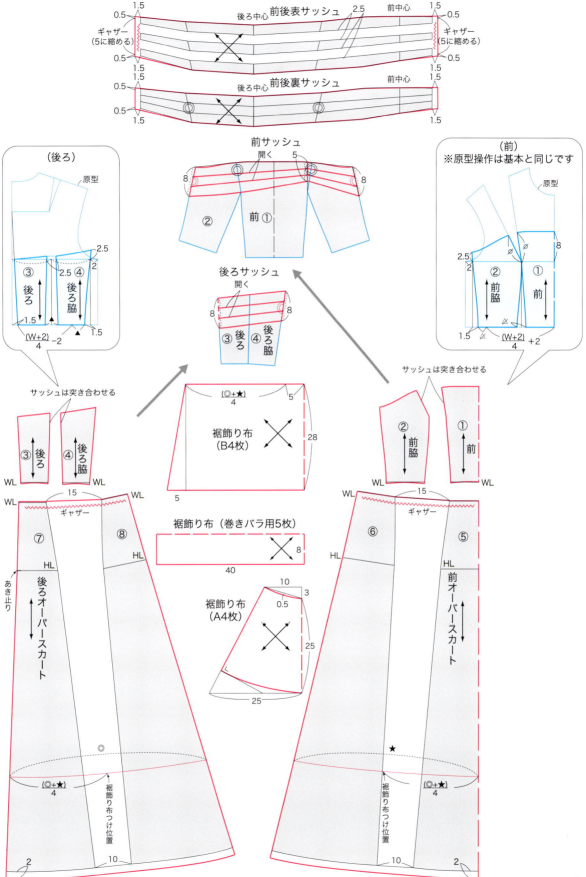

Style 1 ✻ A-line

応用 3

Aライン 応用3

基本のベアトップに肩布をつけ、ボリュームのある袖をつけたクラシックなデザインです。身頃は応用1と同様に基本の土台の上にレース地を重ね、スカート部分はギャザー寄せて始末しました。
How to make ☞ p.52

パターンの操作

土台の胸もとの高さから二の腕の外回りの寸法をはかり、肩布の製図をします。前スカート(⑤)と前脇スカート(⑥)、後ろスカート(⑦)と後ろ脇スカート(⑧)の切替えにギャザー分を入れ、ウエストの切替えはギャザーを寄せて始末します。応用1同様にレース地の仕立てに適した仕様です。裾にもギャザーたっぷりのフリルをプラスした華やかなカラードレスです。

基本のパターン(1・2面)

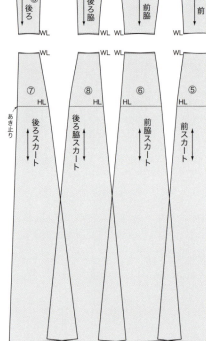

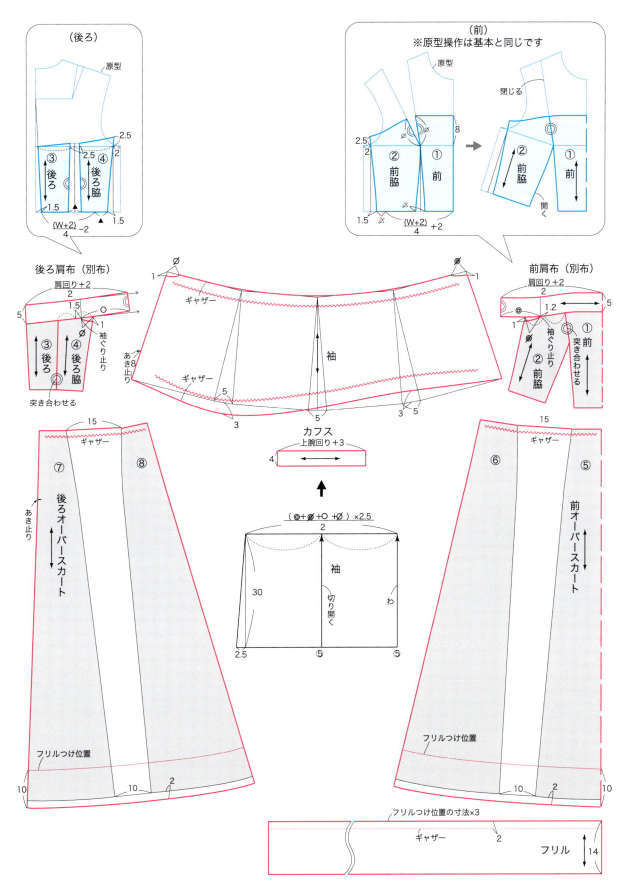

style 2 基本
Empire line

エンパイアライン 基本
身頃はアンダーバストまでのベアトップです。そこからストンと落ちるシンプルなエンパイアスタイルです。
How to make ☞ **p.54**

パターンの操作
Aラインの基本の身頃が基になっています。さらにウエスト部分は体から離れたシルエットですから、身頃の胸回りはどのラインよりも体にフィットさせる必要があります。Aライン同様にシーチングなどの別布で仮縫いをしましょう。

基本のパターン（3・4面）

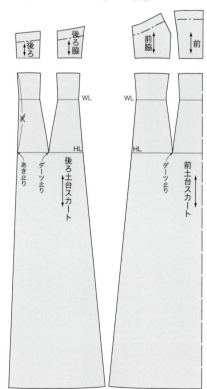

付録の原型を使って製図する場合

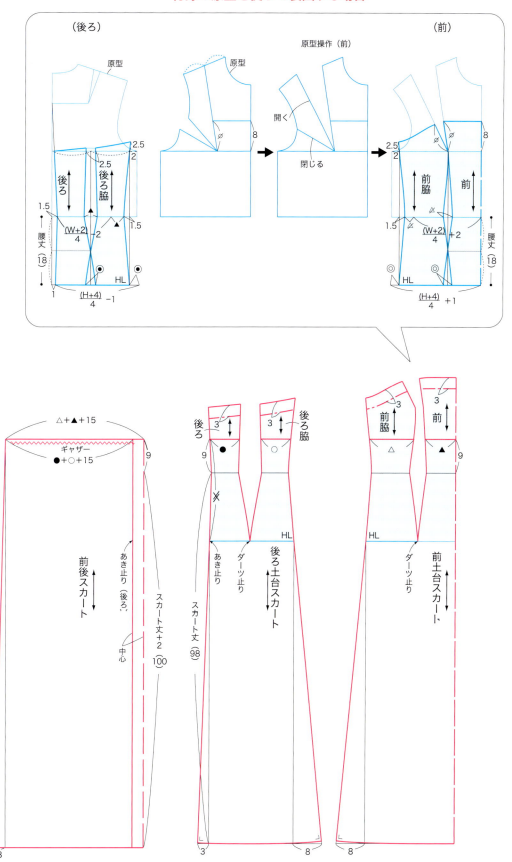

Style 2 ✳ Empire line

応用 1

エンパイアライン 応用 1

フレアたっぷりの小さな袖と、ギャザーを
たっぷり寄せた胸もとには大きなリボンを
アクセントにつけました。
How to make ☞ **p.56**

パターンの操作

基本のベアトップに袖をつけるための肩布
は原型を利用して製図します。胸もとの表
布のパターンは、前と前脇、後ろと後ろ脇の
切替え部分でギャザー分を開いて追加しま
す。土台の胸もとの上下にギャザーを寄せ
たデザインですから、ゆとり分も追加しま
す。また、原型の袖ぐりを利用して袖と肩
布の製図をします。切り開く箇所が多く複
雑な製図です。

基本のパターン（3・4面）

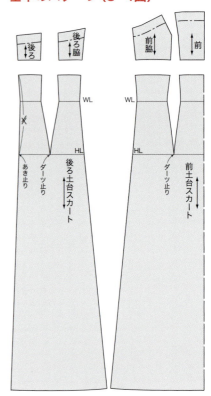

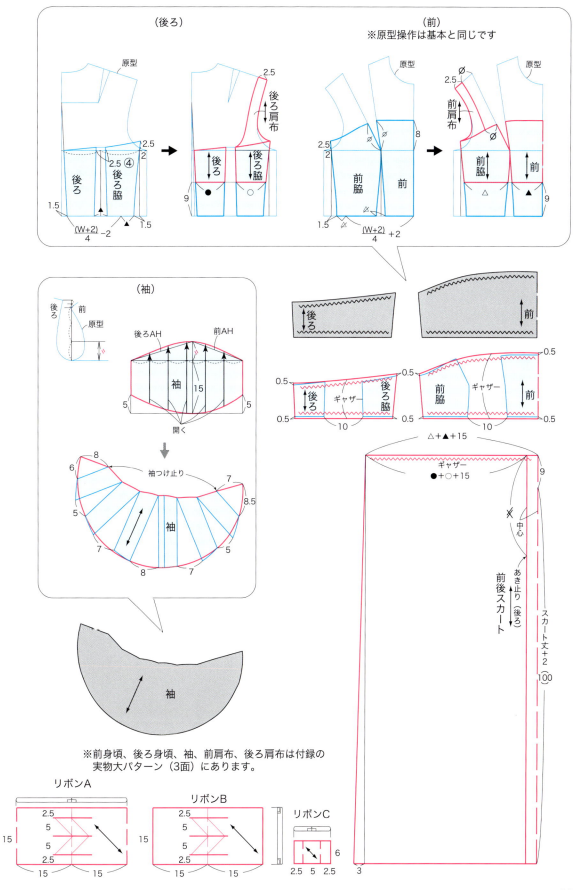

Style 2 ✳ Empire line

応用 2

エンパイアライン 応用2

肩回りとスカートの裾にフリル飾りをたくさんつけてかわいらしさを強調し、ところどころにに配した巻きバラの飾りが豪華なドレスです。

How to make ☞ p.58

パターンの操作

前後身頃の切替え線の胸もとの部分を突き合わせて、肩布フリルのつけ寸法を算出します。ただし、着やすさを考慮して、腕にかかる肩布はゴムシャーリングの始末で伸縮する仕立てにしています。

基本のパターン（3・4面）

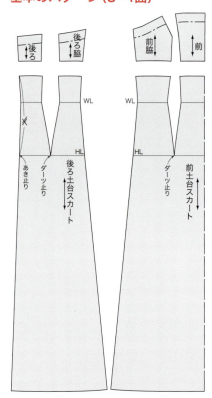

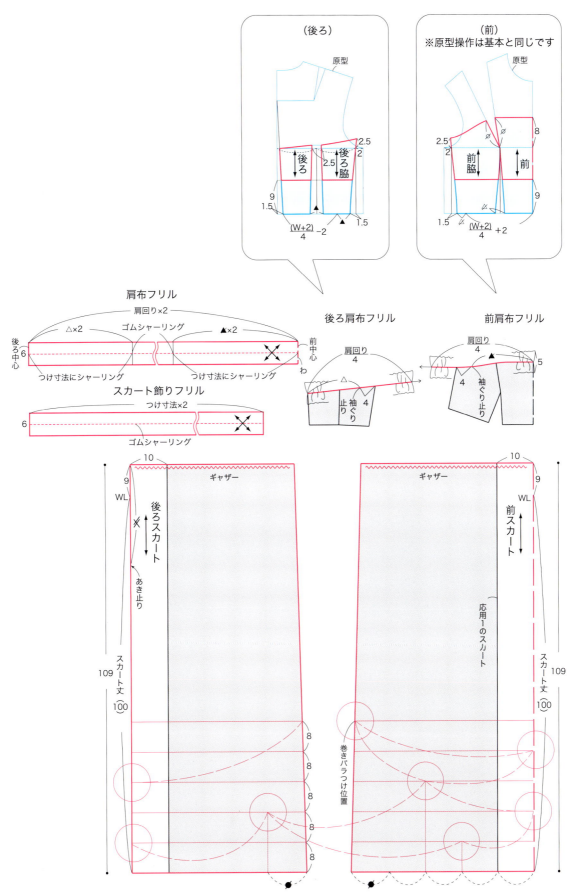

Style 2 ✳ Empire line

応用 3

エンパイアライン 応用3

ハイウエストの切替えと、腰のカーブの切替えで身頃はスリムに。カーブのスカート裾のフレアで華やかな大人の印象。
How to make ☞ **p.60**

パターンの操作

胸もとの切替えをテープ状に入れます。また腰のカーブの切替えとオーバースカートの裾線は、左身頃から続く切替え線からつながるアシメトリーなカーブにするとよりスリムなシルエットになります。オーバースカートの裾にはたっぷりのフレアを切り開いて入れるとさらに強調できます。

基本のパターン（3・4面）

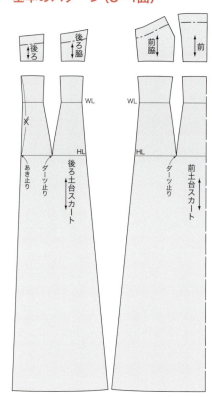

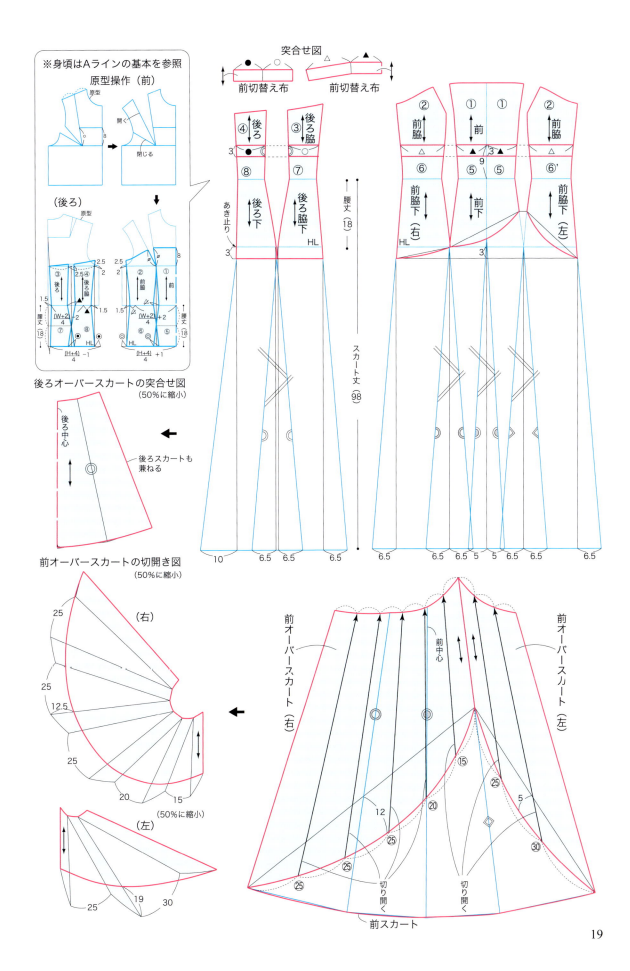

style 3 *Princess line*

基本

プリンセスライン 基本
パネルラインで切り替えたベアトップのプリンセスラインです。ウエストで切り替えて、スカートはたっぷりのギャザーを入れてふっくら広がるシルエットです。
How to make ☞ **p.62**

パターンの操作
スカート部分は、ヒップ寸法を3等分し、ヒップから裾までを交差させて、裾のフレア分をバランスよく追加して製図します。3分割したパターンは前後それぞれで突合せにし、前は中心もはぎのないパターンにします。ウエストラインはつながりよく引き直します。

基本のパターン（1・2面）

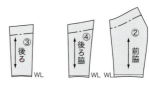

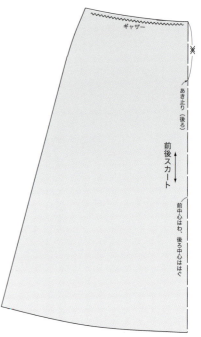

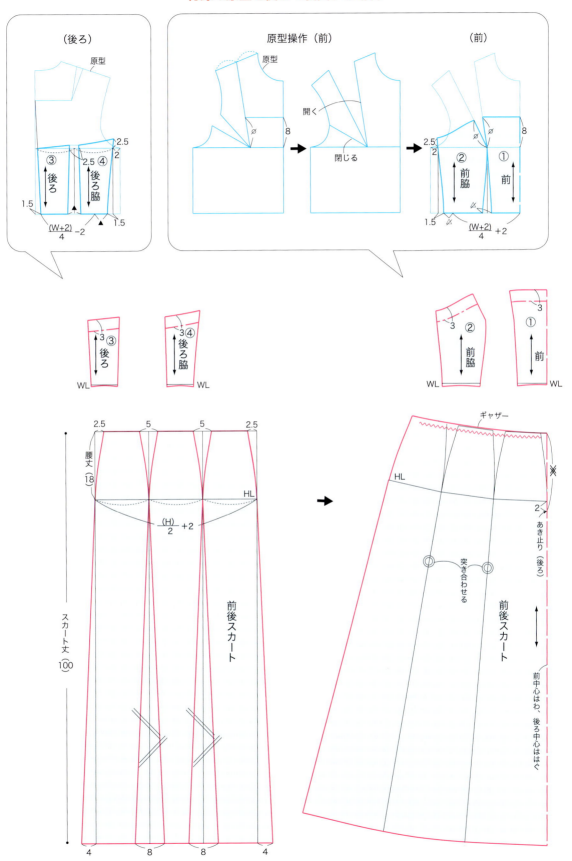

Style 3 ✻ Princess line

応用 1

プリンセスライン 応用1
かわいらしいパフスリーブをつけ、カスケードのオーバースカートのプリンセスの名称ぴったりなドレス。
How to make ☞ p.64

パターンの操作
身頃の製図はAラインの基本を参照します。脇に縫いはさんだオーバースカートは前スカートのパターンをバランスよく切り開いて作ります。ラッフルは折り返し部分にタックをとるとよりはっきり表現できます。

基本のパターン（1・2面）

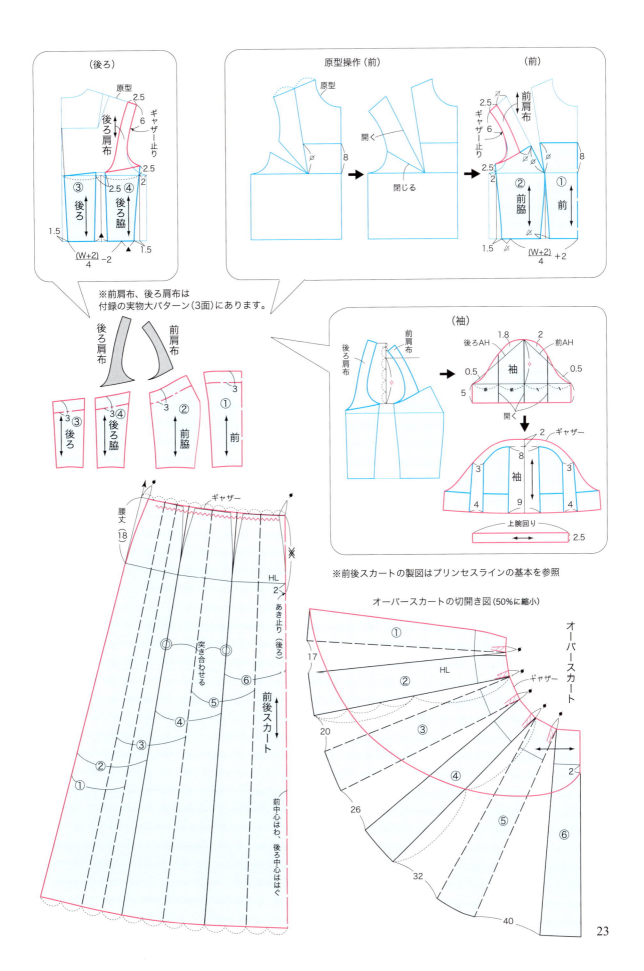

Style 3 ✳ Princess line

応用 2

プリンセスライン 応用2

優しく包み込んだ肩先とローウエスト切替えに。たっぷりとしたボリュームのあるスカートのドレスです。

How to make ☞ p.66

パターンの操作

肩先を身頃から続くフレンチスリーブの要領で製図します。後ろ肩先より前肩の傾斜を強くします。前後の肩線は突き合わせてつながりのいい線に引き直します(パターン訂正)。肩先まであいた製図なので、シーチングなどの別布で身頃部分の仮縫いをしましょう。

基本のパターン(1・2面)

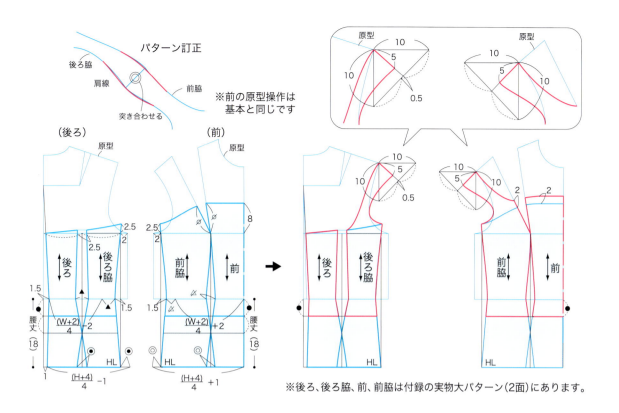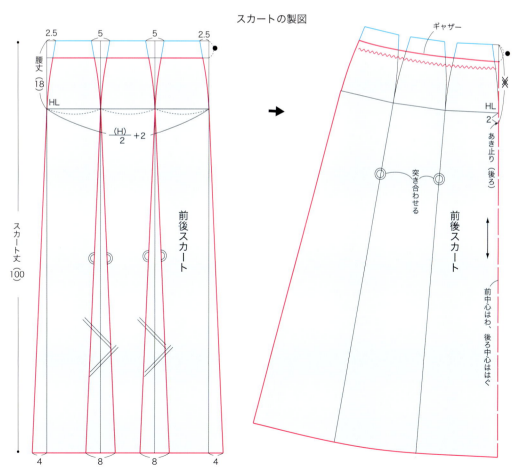

Style 3 ✲ Princess line

応用 3

プリンセスライン 応用3
羽のように広がった袖とギャザースカートに透け感と張りのある素材がぴったりなデザインです。スカートの裾部分にはレースのモチーフとブレードを配して華やかさをプラスします。

How to make ☞ p.68

パターンの操作
身頃と肩布の製図をします。前後肩布のカーブから袖山の高さを算出し、肩布の袖ぐり寸法(AH)を利用して袖の製図をします。ギャザー分を袖幅と袖山の両方に追加することで、羽のようなふくらみが出せます。

基本のパターン（1・2面）

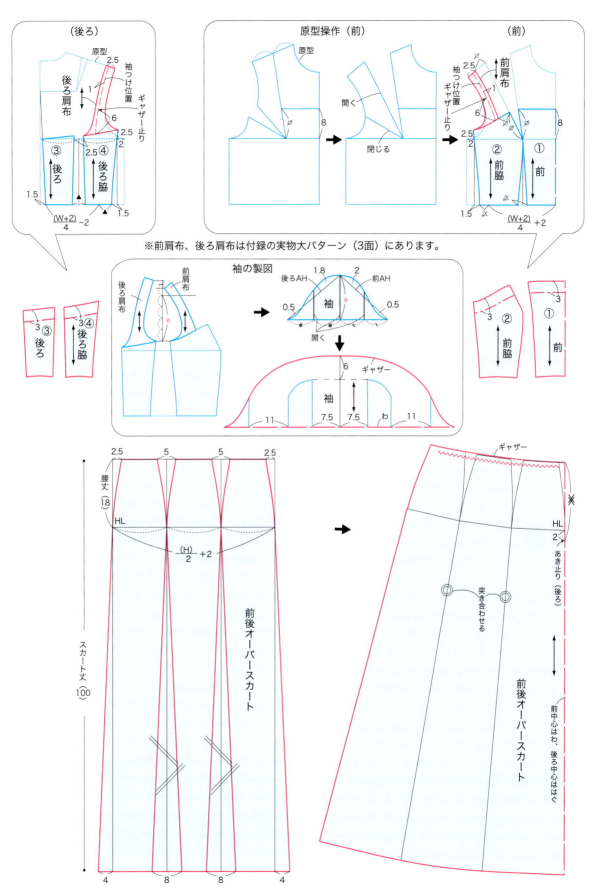

style 4 $\mathcal{M}$ermaid line

基本

マーメイドライン 基本
ベアトップとスカート部分も腰からひざにかけて体にフィットさせ、ひざ下にフレアを入れたラインです。大腿部が張っているかたは、身頃同様スカートもシーチングなどの別布で仮縫いしてみましょう。
How to make ☞ p.70

パターンの操作
身頃とスカートのHLまではAライン 基本のパターンと同様です。HLから裾の、まず直下の案内線を引き、ひざ上部分で細く絞り、裾線でフレア分を追加します。このとき、縫い合わせた裾線が角にならないように直角をとって裾線とつなげましょう。

基本のパターン(1・2・3面)

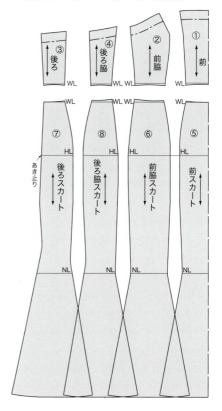

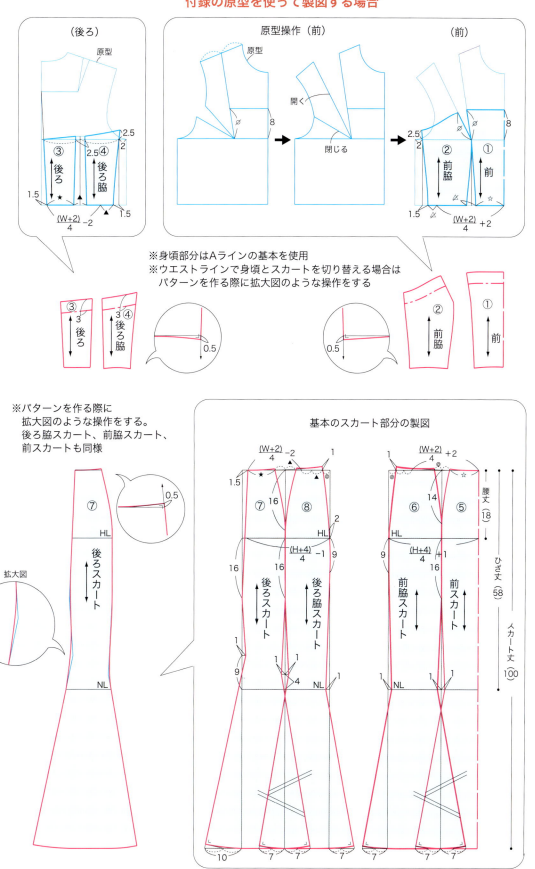

Style 4 * Mermaid line

応用1

マーメイドライン 応用1

ベアトップの切替えから、首回りまで透け感のあるオーガンディのヨークで切り替えました。たっぷりギャザーを寄せた裾の3段のギャザーフリルが女性らしいラインを強調します。

How to make ☞ p.72

パターンの操作

後ろヨークは原型をそのまま使い、前ヨーク部分は原型を操作して製図します。裾のギャザーフリルは弧線を描いて作るラッフルタイプ。つけ位置が隠れるように重ね分を作ります。

基本のパターン(1・2・3面)

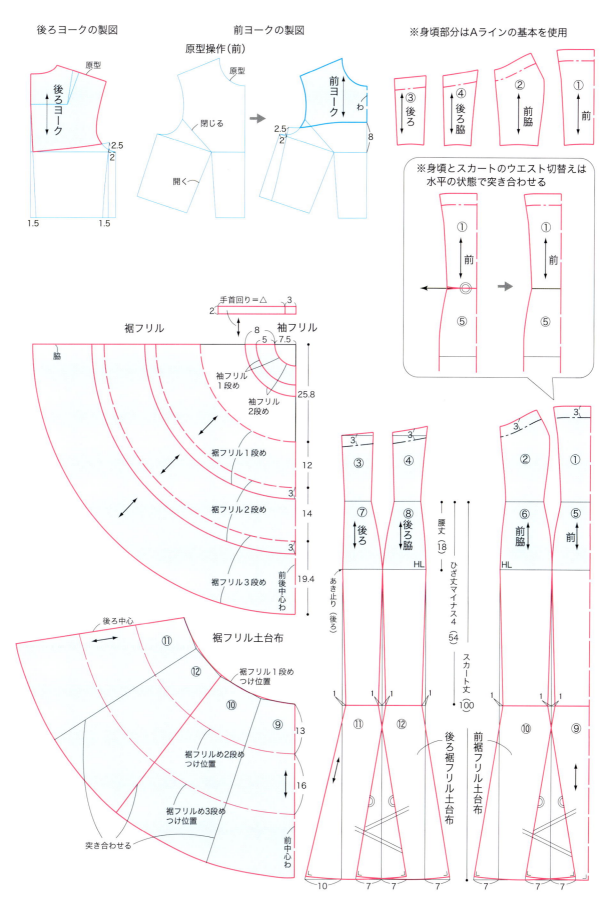

Style 4 ✻ Mermaid line

応用 2

マーメイドライン 応用2

シンプルにひざ上で切り替えてマーメイドのシルエットを出しました。ホールターネックの後ろ衿に、大きなリボンとマント風飾り布でかわいらしさをプラスしました。

How to make ☞ p.74

パターンの操作

まずAラインの基本の身頃とマーメイドラインの基本のスカートを突き合わせます。ひざの位置で切り替え、裾フリルは中心と脇側を突き合わせて作ります。原型の衿ぐり寸法を利用し、衿の製図をします。前ヨークはを胸もとから衿ぐりのSNP（サイドネックポイント）までを結び、ギャザー分を開いて追加します。

基本のパターン（1・2・3面）

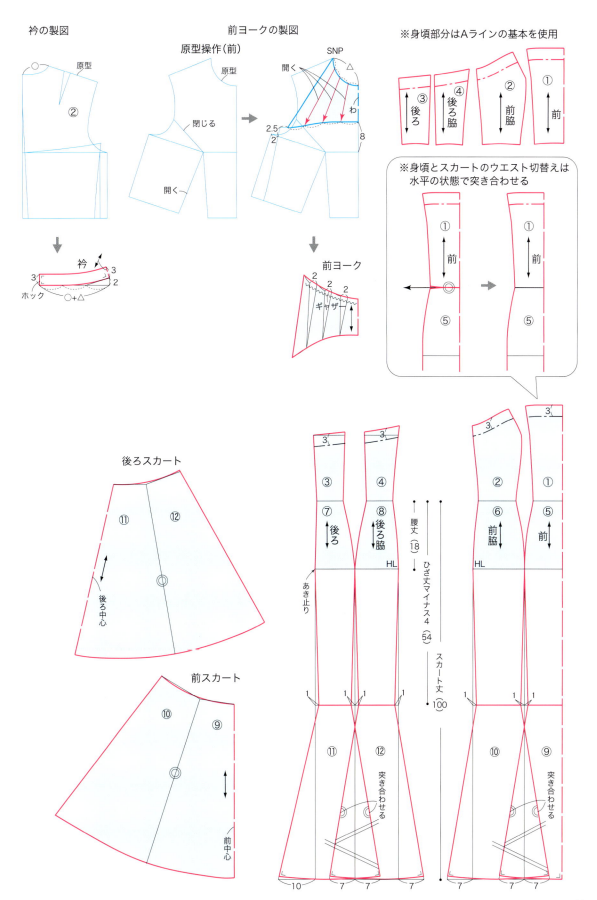

Style 4 * Mermaid line

応用 3

マーメイドライン 応用3

アシメトリーの裾フリルのマーメイドラインは、裾から脚が見え隠れする大人のカラードレスです。

How to make ☞ p.76

パターンの操作

身頃とスカートのパターンを突き合わせるときは、マーメイド応用1を参照してください。原型を利用して肩布を製図します。前後のつけ位置と肩線はギャザー分を追加します。左右の前裾スカートは縫い離すことできれいなカスケードを出しています。

基本のパターン（1・2・3面）

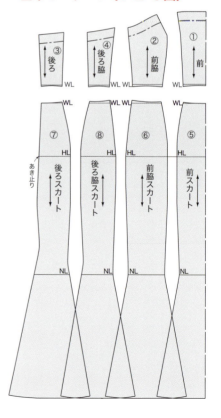

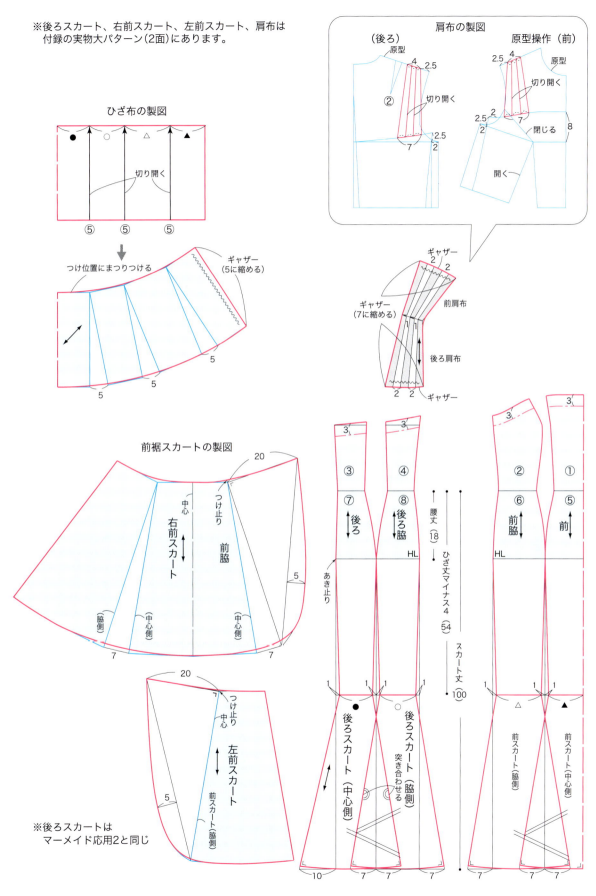

style 5 $\mathcal{B}$ustle line

基本

バッスルライン 基本

後ろのウエスト部分に、たっぷりのギャザーを寄せたバッスル布をつけます。前後身頃とスカート部分はマーメイドの基本パターンを利用します。
How to make ☞ **p.78**

パターンの操作

身頃部分の原型操作はAラインの基本と同じです。スカートはマーメイドラインよりひざ上の絞りと裾のフレア分の追加を控えています。裾回りの寸法が少ないので、歩行には気をつけましょう。

基本のパターン（1・2・4面）

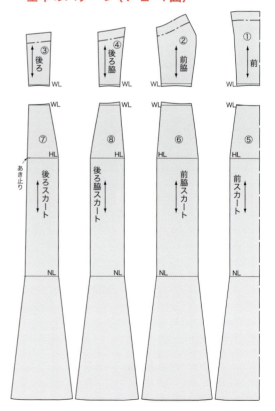

付録の原型を使って製図する場合

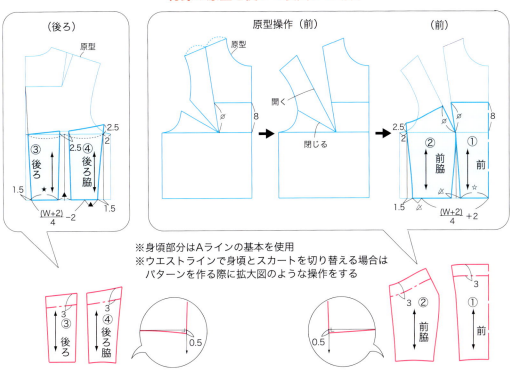

※身頃部分はAラインの基本を使用
※ウエストラインで身頃とスカートを切り替える場合はパターンを作る際に拡大図のような操作をする

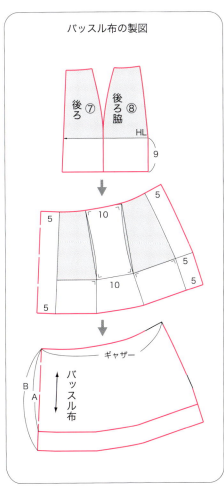

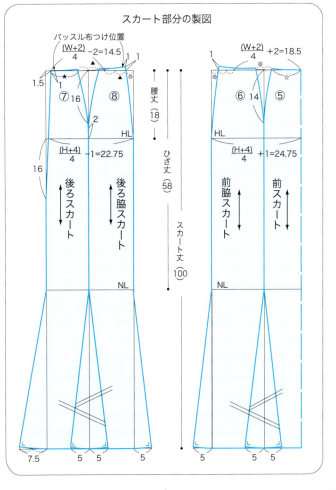

Style 5 ✲ Bustle line

応用 1

バッスルライン 応用1
胸もとのフレアフリルと腰の丸みを強調したペプラムがポイントです。ウエストがより細く見える効果があります。
How to make ☞ p.80

パターンの操作
前後フリルは、身頃のパターンを切り開き、外回りの端側だけにさらにフレア分を追加します。ペプラムはウエスト切替えのつけ寸法に合わせてダーツで処理しているので、縫いやすく、すっきり仕上がります。

基本のパターン（1・2・4面）

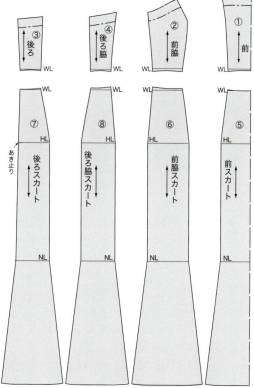

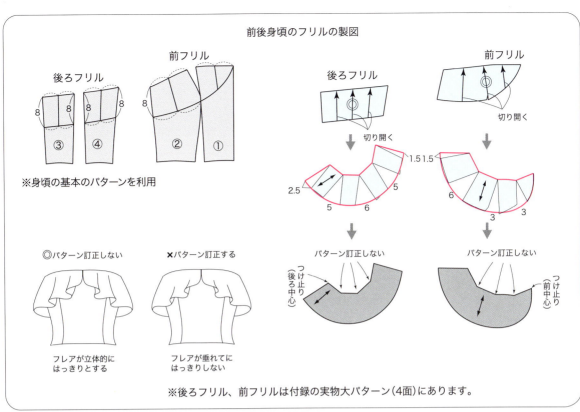

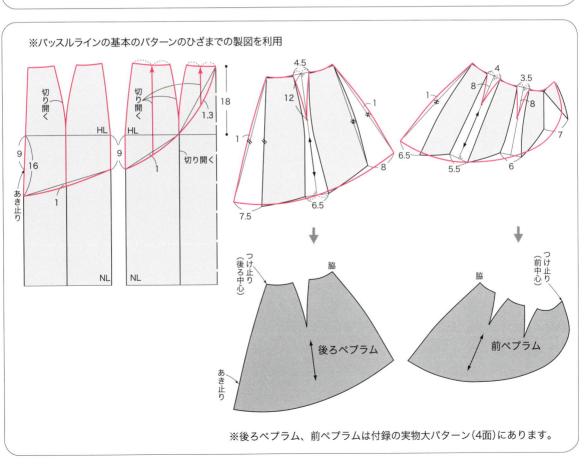

Style 5 ✱ Bustle line

応用 2

バッスルライン 応用2
胸もとはベアトップ風にバストのボリュームに合わせたラインですが、デコルテには透け感のある薄いオーガンディで首のつけ根までおおって露出を控え、清楚さをプラスして。
How to make ☞ **p.82**

パターンの操作
バッスルの飾り布はスカートのパターンから展開します。別布を使ってたっぷりボリュームを入れ、斜めのシルエットで流れを出しています。

基本のパターン（1・2・4面）

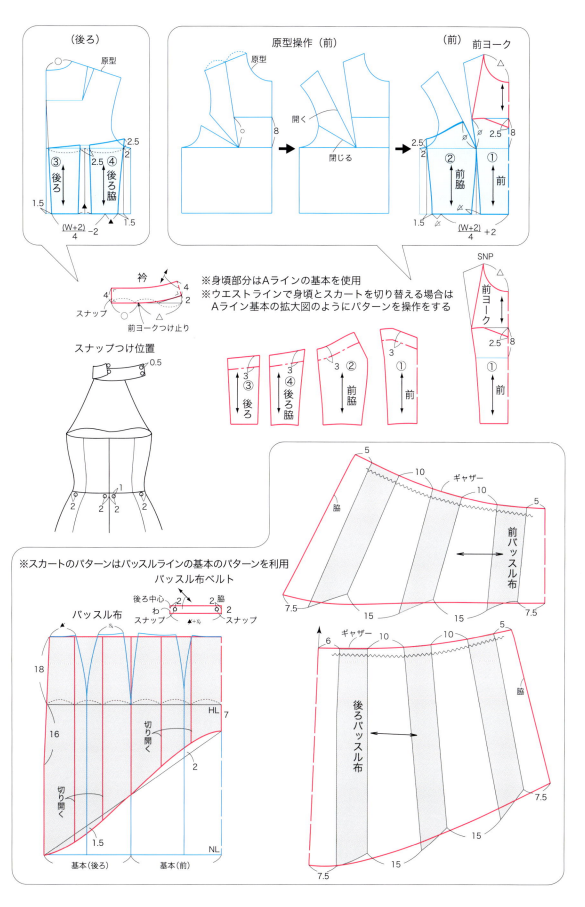

Style 5 ✻ Bustle line

応用 3

バッスルライン 応用3

胸もとと腰の部分に広がりのある飾り布をつけ、ウエストを強調したシルエットに。布地のスカラップをうまく使用したデザインです。
How to make ☞ p.84

パターンの操作

バッスルライン応用2で後ろウエストにつけた飾り布をそのまま利用し、ローウエストの切替え位置のつけ寸法にギャザーを分散します。

基本のパターン（1・2・4面）

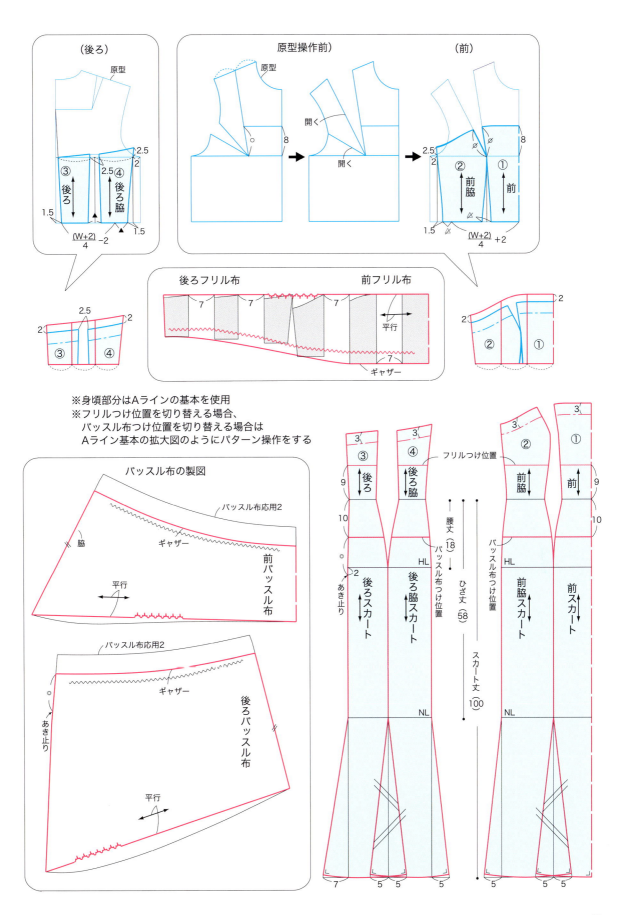

How to make
実物大パターンの使い方と作品の作り方

カスタマイズできるウェディング&カラードレスは、
5つの基本シルエットとその応用ウェディングドレス2点とカラードレス1点の計20点をイラストで紹介しています。
12の基本デザインには、S、M、ML、Lのサイズ展開をした実物大パターンが付録についています。

採 寸
当日着用のインナーをつけましょう

ウェディング&カラードレスを着用するときの下着を用意します。下着によっては、各測定部分サイズが変化する場合があります。また、靴もヒールの高さによって、スカート丈が変化します。今回、製図用のスカート丈(100cm)は、160cmの身長のかたが10cmのヒールを履いた場合を想定しています。

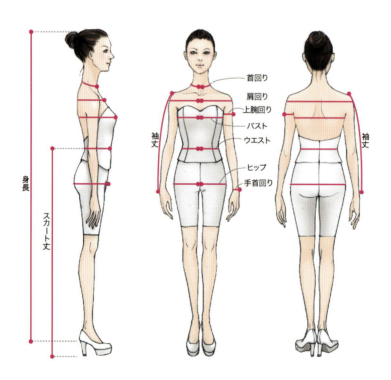

- **身長**…靴を履く前にはだしの状態で壁や柱などの近くに直立し、この状態で頭頂部に三角定規などを当てて印をつけ、床からその印までをはかります。
- **肩回り**…腕を下ろした状態で両肩の上部外周を床と水平にはかります。
- **バスト**…バストの最も高いところを通るようにし、背中側のメジャーが落ちないように注意しながら1周した寸法。
- **ウエスト**…へそを基準にして、水平に1周した寸法。
- **ヒップ**…腰回りのいちばん太いところを水平に1周した寸法。腹部や大腿部が張っているかたは、ゆとりを持たせます。
- **袖丈**…肩先のいちばん出ている骨(ショルダーポイント)から手首までの寸法。
- **上腕回り**…腕のつけ根外周を1周した寸法。

※製図する場合、デザインによっては首回り、肩回り、上腕回り、手首回りの寸法が必要になります。

パターンサイズの選び方

パターンサイズを選ぶときは、まず作りたいデザインを選んでください。
Aライン、マーメイドライン、バッスルラインの場合は、バスト、ウエスト、ヒップともに体にフィットしたデザインですから、自分の各サイズのいちばん大きい数値のパターンサイズを選んでください。
エンパイアラインはスカート部分がゆったりしたデザインですから、バスト寸法を基準にパターンサイズを選びましょう。

サイズ表(ヌード寸法)
(単位はcm)

名称＼サイズ	身長	バスト	ウエスト	ヒップ	腰丈	ひざ丈	スカート丈
S	156	79	60	86	17.8	57	98.5
M	160	83	64	90	18	58	100
ML	164	87	68	94	18.2	59	101.5
L	168	91	72	98	18.4	60	103

実物大パターンの使い方

1. デザインを選ぶ
20のスタイルのイラストから作りたいデザインを選びます。

2. パターンを写す

●基本デザインを選んだ場合
実物大パターンのS、M、ML、Lの中から自分のサイズのパターンをハトロン紙などの別紙に写し取ります。
その際、見返し線や合い印を忘れずに写してください。

3. パターンの操作をする

●基本デザイン以外の応用1、応用2のウェディングドレス、応用3のカラードレスを選んだ場合
①まずそのスタイルの基本デザインの実物大パターンを別紙に写し取ります。
②①で写し取った基本のパターン線を使って、選んだデザインのパターンの操作をします。
パターンの操作のしかたは各デザインのイラスト横にあります。

　　□　　基本デザインのパターン

　　■　　応用デザインのパターンで付録に実物大パターンがあるもの

　　───　応用デザインのパターンの操作線と出来上り線

このときの寸法が定寸法ではなく等分線を多用しているのは、
各サイズによってバランスがくずれないようにしているためです。
見返し線や合い印は、出来上り線を操作してから引き、
袖フリルつけ止めなど新たな合い印は寸法をはかって忘れずにしるしてください。
着丈や袖丈はパターンを完成させた後、裾線、袖口線を平行に増減してください。

4. パターンを完成させる
見返しなど、重なり合っているパターンは、それぞれをハトロン紙などの別紙に写し取ります。
このときダーツなどの突合せの指示があるものは、突き合わせながら写します。
突き合わせた部分はつながりのいい線に訂正します。また、前後の肩、脇などは、
それぞれのパターンの縫い線を突き合わせ、つながりのいい線に訂正してパターンを完成させます。

材料と裁合せ図

材料は一般的な生地幅(110cm幅、120cm幅)で見積もっています。
デザインやパターンの形により広幅(150cm幅、160cm幅)や90cm幅の場合もあります。
裁合せ図はMサイズのバランスで配置したものです。
パターンサイズ、布幅が異なる場合や、着丈や袖丈の調節をした場合は用尺も変わりますので、注意してください。

A-line

Style 1 Aライン

基本 page 4

●材料
表布＝150cm幅
(S、M)2m30cm、(ML、L)2m50cm
裏布＝120cm幅
(S、M)2m40cm、(ML、L)2m60cm
接着芯＝90cm幅
(S、M)60cm、(ML、L)70cm
コンシールファスナー＝56cm1本
サテンリボン＝1.2cm幅1m
ボーン＝0.8cm幅1m
スプリングホック＝1組み

●準備
後ろ、後ろ脇、前脇、前、後ろ見返し、前見返しに接着芯をはる。
※Mは「ロックミシンをかける」の略。

●縫い方順序
1　表身頃のパネルラインと脇を縫う。縫い代は割る
2　脇縫い代にサテンリボンを縫いとめてボーンを通す
3　表スカートのパネルラインと脇を縫う。縫い代は割る
4　表スカートの後ろ中心のあき止から裾までを縫い、縫い代は割る
5　表スカートの裾にMをかけ、二つ折りにしてまつる
6　表身頃と表スカートのウエストを縫う。縫い代は割る
7　コンシールファスナーをつける
8　裏身頃のパネルラインと脇をきせをかけて縫う。縫い代はパネルラインは中心側に、脇は後ろ側に倒す
9　裏スカートのパネルラインと脇をきせをかけて縫う。縫い代はパネルラインは中心側に、脇は後ろ側に倒す
10　裏スカートの後ろ中心のあき止から裾までをきせをかけて縫う。縫い代は右側に倒す
11　裏スカートの裾を2cmの三つ折りにして始末する
12　裏身頃と裏スカートのウエストを縫う。縫い代はスカート側に倒す
13　見返しの脇を縫う。縫い代は割る
14　見返しと裏身頃を縫う。縫い代は身頃側に倒す
15　表身頃と見返しを縫い返す
16　ファスナーテープに裏布をまつる
17　表スカートと裏スカートをウエストと脇で中とじする
18　上端にスプリングホックをつける

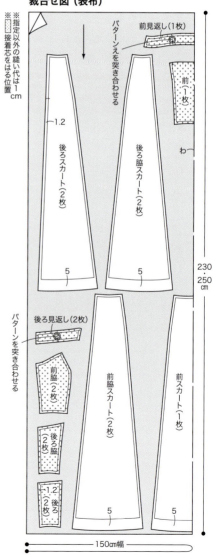

裁合せ図（表布）

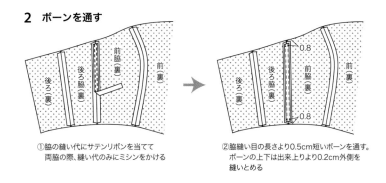
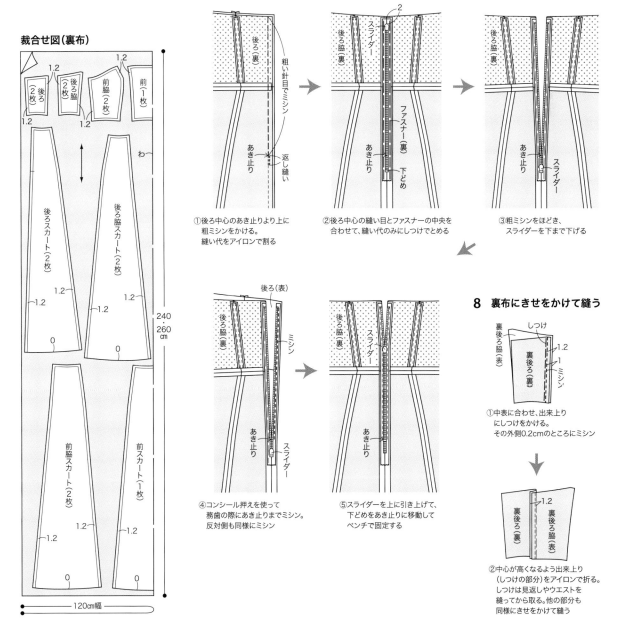

A-line
Style 1 Aライン

応用 1　page 6

● 材料
表布＝150cm幅
(S、M)2m30cm、(ML、L)2m50cm
別布＝150cm幅
(S、M)2m90cm、(ML、L)3m10cm
裏布＝120cm幅
(S、M)2m40cm、(ML、L)2m60cm
接着芯＝90cm幅20cm
コンシールファスナー＝56cm1本
ボタン＝直径1cm1個
バイアステープ＝1.4cm幅1m

● 準備
後ろ見返し、前見返しに接着芯をはる。
※Mは「ロックミシンをかける」の略。

● 縫い方順序
1　前後身頃と前後スカートの土台布とレースを合わせる。スカートの裾は2枚一緒にM
2　表身頃のタックを縫う。縫い代は割る
3　表身頃の脇を縫う。縫い代は割る
4　ヨークの肩を縫い、2枚一緒にMをかける。縫い代は後ろ側に倒す
5　ヨークの後ろ中心を三つ折りにして、表にひびかないようにまつる
6　衿ぐりの始末をする
7　ヨークの脇を縫い、2枚一緒にMをかける。縫い代は後ろ側に倒す
8　袖下を縫い、2枚一緒にMをかける。縫い代は後ろ側に倒す
9　袖口を三つ折りにしてまつる
10　ヨークに袖をつけ、2枚一緒にMをかける。縫い代は袖側に倒す
11　表スカートのタックをたたみ、縫い代にとめミシンをかける
12　表スカートの脇を縫う。縫い代は割る
13　表スカートの後ろ中心のあき止りから裾までを縫う。縫い代は割る
14　表スカートの裾を二つ折りにしてまつる
15　表身頃と表スカートのウエストを縫う。縫い代は割る
16　コンシールファスナーをつける
17　裏身頃を縫う
　　タックを縫う。縫い代は割る
　　脇をきせをかけて縫う。縫い代は後ろ側に倒す
18　裏スカートを縫う
　　スカートのタックをたたみ、縫い代にとめミシンをかける。脇をきせをかけて縫い、縫い代は後ろ側に倒す。後ろ中心のあき止りから裾までをきせをかけて縫い、縫い代は右側に倒す。裾を三つ折りにして始末する
19　裏身頃と裏スカートのウエストを縫う。縫い代はスカート側に倒す
20　見返しの脇を縫う。縫い代は割る
21　見返しと裏身頃を縫い合わせる。縫い代は裏身頃側に倒す
22　表身頃と見返しの間にヨークをはさんで縫い返す
23　ファスナーテープに裏布をまつる
24　表スカートと裏スカートをウエストと脇で中とじする
25　ヨーク上端にループとボタンをつける

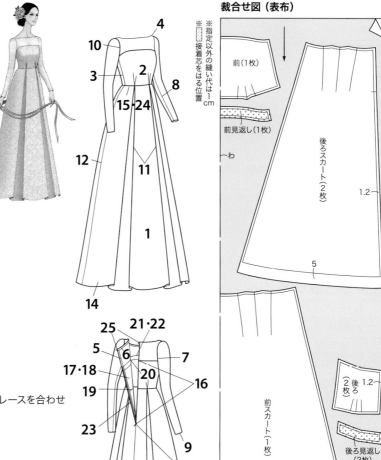

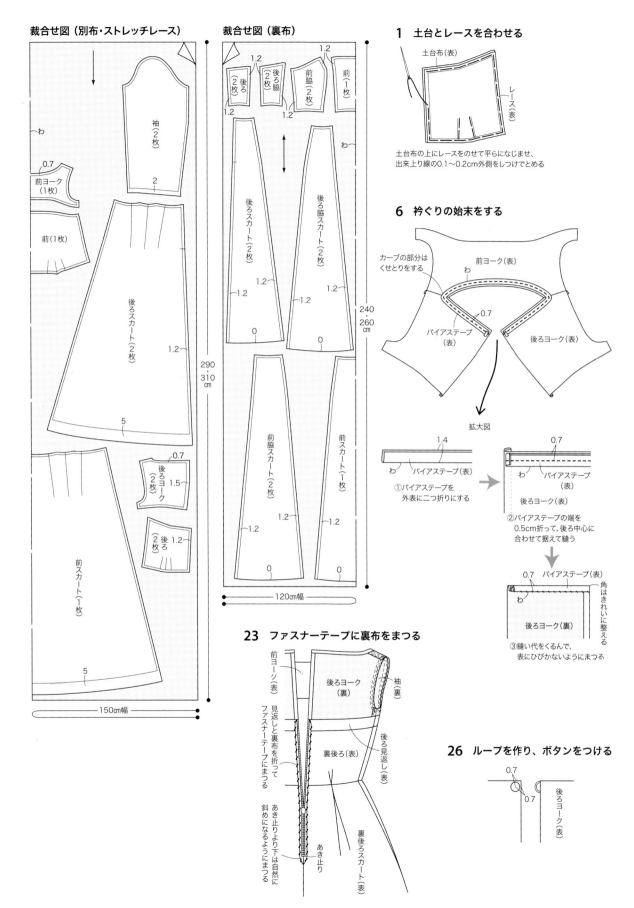

A-line
Style 1 Aライン

応用 2　page 8

●材料
表布＝150cm幅
(S、M)2m30cm、(ML、L)2m50cm
別布(レース地)＝150cm幅
(S、M)4m70cm、(ML、L)4m90cm
裏布＝120cm幅
(S、M)2m40cm、(ML、L)2m60cm
接着芯＝90cm幅
(S、M)60cm、(ML、L)70cm
コンシールファスナー＝56cm1本
サテンリボン＝1.2cm幅1m
ボーン＝0.8cm幅1m
スプリングホック＝1組み

●準備
後ろ見返し、前見返しに接着芯をはる。
オーバースカートの後ろ中心にM。
※Mは「ロックミシンをかける」の略。

●縫い方順序
1　前後身頃の土台布とレースを合わせる
2　表身頃のパネルラインと脇を縫う。縫い代は割る
3　ボーンを通す(p.47 **2**)
4　表スカートのパネルラインと脇を縫う。縫い代は割る
5　表スカートの後ろ中心のあき止りから裾までを縫う。縫い代は割る
6　表スカートの裾にMをかけ、二つ折りにしてまつる
7　オーバースカートの脇を縫い、2枚一緒にMをかける。縫い代は後ろ側に倒す
8　オーバースカートの後ろ中心のあき止りから裾までを縫う。縫い代は割る
9　オーバースカートの裾を三つ折りにしてまつる
10　オーバースカートのウエストにギャザーを寄せ、表スカートと合わせる
11　表身頃と表スカート、オーバースカートのウエストを縫う。縫い代は身頃側に倒す
12　コンシールファスナーをつける
13　裏身頃を縫う
　　パネルラインと脇をきせをかけて縫う。縫い代はパネルラインは中心側に、脇は後ろ側に倒す
14　裏スカートを縫う
　　パネルラインと脇をきせをかけて縫う。縫い代はパネルラインは中心側に、脇は後ろ側に倒す
　　後ろ中心のあき止りから裾までをきせをかけて縫う。縫い代は右側に倒す
　　裾を三つ折りにして始末する
15　裏身頃と裏スカートのウエストを縫う。縫い代はスカート側に倒す
16　見返しの脇を縫う。縫い代は割る
17　見返しと裏身頃を縫う。縫い代はスカート側に倒す
18　表身頃と見返しを縫い返す
19　ファスナーテープに裏布をまつる
20　表スカートの後ろ中心の縫い目の際に、オーバースカートのあき止りより上の部分をまつる
21　表スカートと裏スカートを脇で中とじする
22　上端にスプリングホックをつける
23　巻きバラを作る
24　サッシュを作る
25　飾り布つけ位置を参考にバランスを見ながら飾り布Bをスカートに縫いとめて、巻きバラを飾る

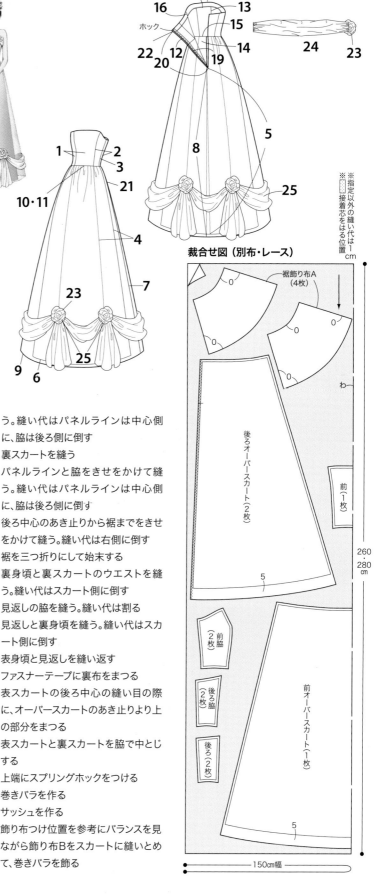

23 巻きバラを作る

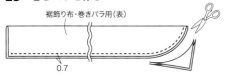

①折り山をつぶさないように二つ折りにして端をぐし縫いする。
片側は自然に斜めに縫って余分をカットする

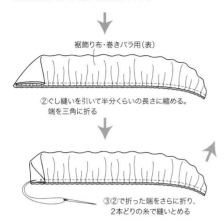

②ぐし縫いを引いて半分くらいの長さに縮める。
端を三角に折る

③②で折った端をさらに折り、
2本どりの糸で縫いとめる

④形を見ながら端から巻き、形を整えて
根もとをところどころ糸でとめる

⑤全体の形をふんわりと整えて、
根もとをしっかりと縫いとめる。5つ作る

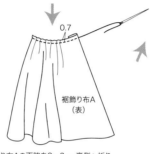

⑥裾飾り布Aの両脇を2〜3cm裏側へ折り、
上端から0.7cmのところをぐし縫いして縮める。4つ作る

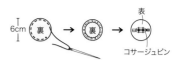

⑦6cmの布の縁をぐし縫いして少し縮めて、
布端を裏側に折り、丸く整える。
表に返してコサージュピンを縫いつける。5つ作る

⑧巻きバラの裏側に⑤をしっかりとまつりつける。
このとき、4つは裾飾り布Aをはさみ込む

裁合せ図（別布・レース）

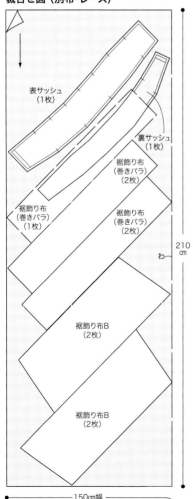

※表布、裏布は「Aライン基本」と同じです。

24 サッシュを作る

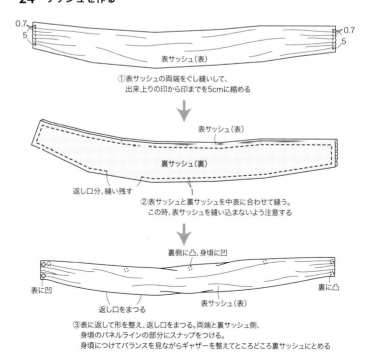

①表サッシュの両端をぐし縫いして、
出来上りの印から印までを5cmに縮める

②表サッシュと裏サッシュを中表に合わせて縫う。
この時、表サッシュを縫い込まないよう注意する

③表に返して形を整え、返し口をまつる。両端と裏サッシュ側、
身頃のパネルラインの部分にスナップをつける。
身頃につけてバランスを見ながらギャザーを整えてところどころ裏サッシュにとめる

A-line
Style 1 Aライン

応用 **3** page 10

●材料
表布＝150cm幅
(S、M)2m30cm、(ML、L)2m50cm
裏布＝120cm幅
(S、M)2m40cm、(ML、L)2m60cm
別布1＝150cm幅
(S、M)3m30cm、(ML、L)3m50cm
別布2＝90cm幅
(S、M)1m20cm、(ML、L)1m40cm
接着芯＝90cm幅1m50cm
コンシールファスナー＝56cm1本
スプリングホック＝2組み

●準備
後ろ、後ろ脇、前、前脇、前後肩布、カフスに芯をはる。オーバースカートの後ろ中心、裏前後肩布にM。
※Mは「ロックミシンをかける」の略。

●縫い方順序
1 前後身頃の土台布とレースを合わせる
2 表身頃のパネルラインと脇を縫う。縫い代は割る
3 表スカートのパネルラインと脇を縫う。縫い代は割る
4 表スカートの後ろ中心のあき止りから裾までを縫う。縫い代は割る
5 表スカートの裾にMをかけ二つ折りにしてまつる
6 オーバースカートの脇を縫い、2枚一緒にMをかける。縫い代は後ろ側に倒す
7 オーバースカートの後ろ中心のあき止りから裾までを縫う。縫い代は割る
8 オーバースカートの裾にMをかけ、二つ折りにして始末する
9 フリルを輪に縫い、上下に巻きMをかける
10 フリルにギャザーを寄せ、オーバースカートに縫いつける
11 オーバースカートのウエストにギャザーを寄せ、表スカートと合わせる
12 表身頃と表スカート、オーバースカートのウエストを縫う。縫い代は身頃側に倒す
13 コンシールファスナーをつける
14 裏身頃のパネルラインと脇をきせをかけて縫う。縫い代はパネルラインは中心側に、脇は後ろ側に倒す
15 裏スカートのパネルラインと脇をきせをかけて縫う。縫い代は中心側に、脇は後ろ側に倒す
16 裏スカートの後ろ中心のあき止りから裾までをきせをかけて縫う。縫い代は右側に倒す
17 裏スカートの裾を三つ折りにして始末する
18 裏身頃と裏スカートのウエストを縫う
19 袖を作る
20 身頃に袖をつける
21 表身頃と裏身頃を合わせる
22 身頃に肩布をつける
23 表スカートの後ろ中心の縫い目の際に、オーバースカートのあき止りより上の部分をまつる
24 肩布の後ろ中心にスプリングホックをつける

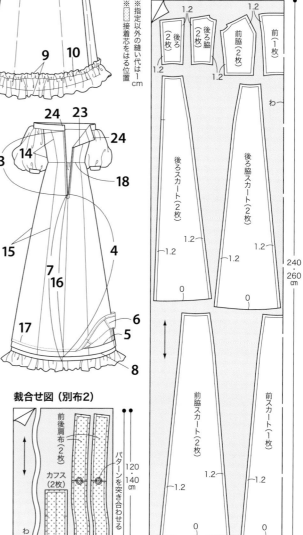

※表布の布幅と裁合せ図は「Aライン基本」と同じです。ただし前脇、後ろ脇の形が少し異なります。前見返しと後ろ見返しは不要です

裁合せ図（裏布）

裁合せ図（別布2）

裁合せ図（別布1）

19 袖を作る

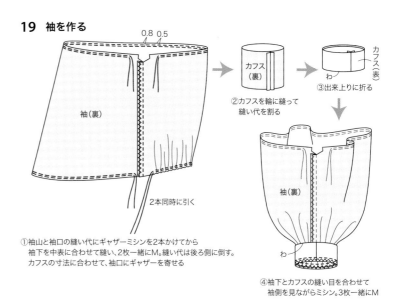

①袖山と袖口の縫い代にギャザーミシンを2本かけてから袖下を中表に合わせて縫い、2枚一緒にM。縫い代は後ろ側に倒す。カフスの寸法に合わせて、袖口にギャザーを寄せる
②カフスを輪に縫って縫い代を割る
③出来上りに折る
④袖下とカフスの縫い目を合わせて袖側を見ながらミシン。3枚一緒にM

20 身頃に袖をつける

身頃と袖を中表に合わせて縫い、2枚一緒にM

21 表身頃と裏身頃を合わせる

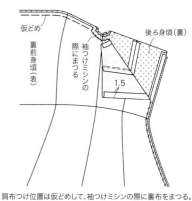

肩布つけ位置は仮どめして、袖つけミシンの際に裏布をまつる。裏の後ろ中心もファスナーテープにまつる

22 身頃に肩布をつける

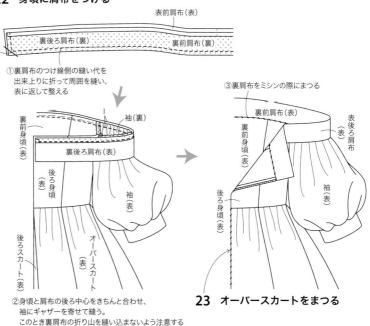

①裏肩布のつけ線側の縫い代を出来上りに折って周囲を縫い、表に返して整える
②身頃と肩布の後ろ中心をきちんと合わせ、袖にギャザーを寄せて縫う。このとき裏肩布の折り山を縫い込まないよう注意する
③裏肩布をミシンの際にまつる

23 オーバースカートをまつる

Empire line
Style 2 エンパイアライン

page 12

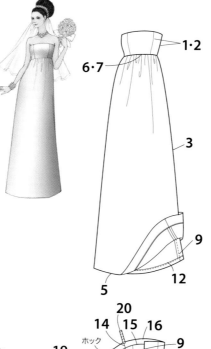

●材料
表布＝110cm幅
（S, M）2m70cm、（ML, L）2m90cm
裏布＝90cm幅
（S, M）2m60cm、（ML, L）2m80cm
接着芯＝90cm幅
（S, M）40cm、（ML, L）50cm
コンシールファスナー＝56cm1本
サテンリボン＝1.2cm幅1m、1.5cm幅50cm
ボーン＝0.8cm幅1m、1.2cm幅20cm
スプリングホック＝1組み

●準備
表身頃と見返しに接着芯をはる。見返し奥にMをかける。
※Mは「ロックミシンをかける」の略。

●縫い方順序

1 表身頃の切替え線と脇をそれぞれ縫う。縫い代は割る
2 脇縫い代にサテンリボンを縫いとめてボーンを通す（p.47 2）
3 表スカートの脇を縫う。縫い代は割る
4 表スカートの後ろ中心のあき止りから裾までを縫う。縫い代は割る
5 表スカートの裾にMをかけ、二つ折りにしてまつる
6 表スカートのウエストにギャザーミシンをかける
7 表身頃と表スカートのウエストを縫う。縫い代は身頃側に倒す
8 コンシールファスナーをつける
9 裏身頃の切替え線と脇をきせをかけて縫う。縫い代は切替えは中心側に、脇は後ろ側に倒す
10 裏スカートのダーツと脇をきせをかけて縫う。縫い代はダーツは中心側に、脇は後ろ側に倒す
11 裏スカートの後ろ中心のあき止りから裾までをきせをかけて縫う。縫い代は右側に倒す
12 裏スカートの裾を2cmの三つ折りにして始末する
13 裏身頃と裏スカートのウエストを縫う。縫い代は身頃側に倒す
14 見返しの脇を縫う。縫い代は割る
15 見返しと裏身頃を縫う。縫い代は身頃側に倒す
16 表身頃と見返しを縫い返す
17 ファスナーテープに裏布をまつる
18 表スカートと裏スカートをウエストと脇で中とじする
19 上端にスプリングホックをつける
20 インナー挟み込みボーンをつける

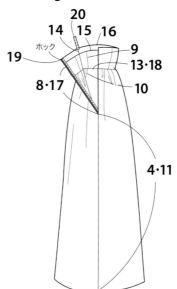

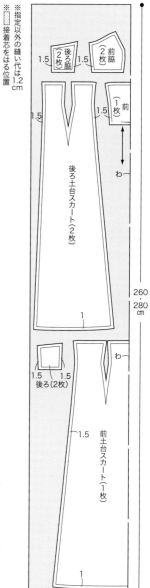

裁合せ図（裏布）

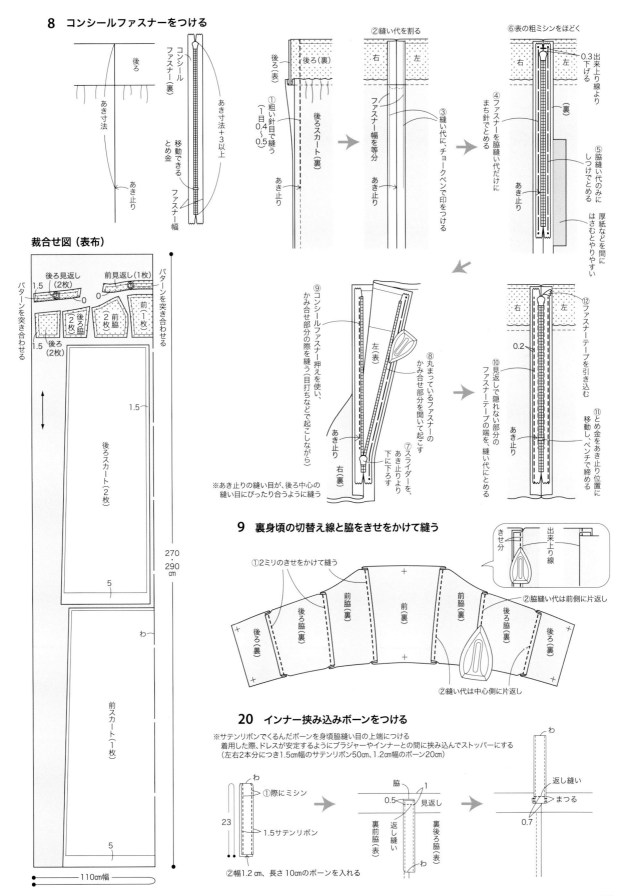

Empire line
Style 2 エンパイアライン

応用 1　page 14

●材料
表布＝120cm幅
（S、M）3m、（ML、L）3m20cm
別布＝120cm幅
（S、M）3m20cm、（ML、L）3m40cm
裏布（スカート分）＝90cm幅
（S、M）2m50cm、（ML、L）2m70cm
接着芯＝90cm幅40cm
コンシールファスナー＝56cm1本
サテンリボン＝1.2cm幅1m
ボーン＝0.8cm幅1m
スプリングホック＝1組み

●準備
表身頃と見返しに接着芯をはる。
見返し奥にMをかける。
※Mは「ロックミシンをかける」の略。

●縫い方順序

1　表身頃の切替え線と脇をそれぞれ
　　縫う。縫い代は割る
2　脇縫い代にサテンリボンを縫いて
　　ボーンを通す（p.47 **2**）
3　表身頃（別布）の上端と切替え縫い代にギャザーを寄せる
4　裏身頃の切替え線と脇をきせをかけて縫う。（p.55 **9**）
5　袖、肩布を縫う
6　袖のついた肩布を表身頃と見返しではさんで縫い返す
7　表布と別布のスカートの脇をそれぞれ縫う。縫い代は割る
8　表布と別布のスカートの後ろ中心のあき止りから裾までをそれぞれ縫う。縫い代は割る
9　表布のスカートの裾にMをかけ、二つ折りにしてまつる
10　表布と別布のスカートのウエストにギャザーミシンをかける
11　表身頃と表スカートのウエストを縫う。縫い代は身頃側に倒す
12　別布のあき止りの縫い代に切込みを入れ、表布のあきの縫い代を重ねてコンシールファスナーをつける
13　裏スカートを作る（p.54 **10〜12**）
14　裏身頃と裏スカートのウエストを縫う。縫い代は身頃側に倒す
15　ファスナーテープに裏布をまつる
16　表スカートと裏スカートをウエストと脇で中とじする
17　上端にスプリングホックをつける
18　ボー飾りを作り、つける

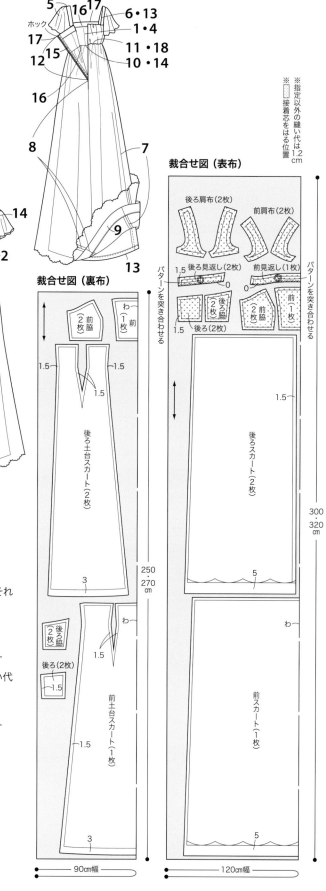

1 表身頃の切替え線と脇をそれぞれ縫う

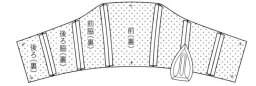

3 表身頃（別布）の上端と切替え縫い代にギャザーを寄せる

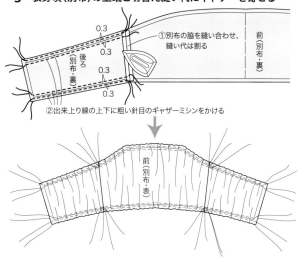

5 袖、肩布を縫う

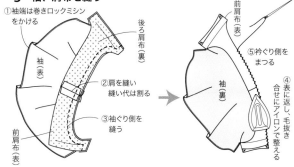

6 袖のついた肩布を表身頃と見返しではさんで縫い返す

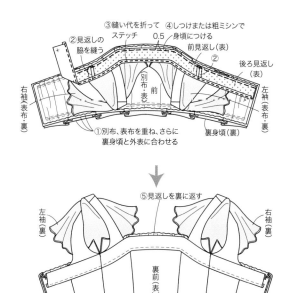

裁合せ図（別布）

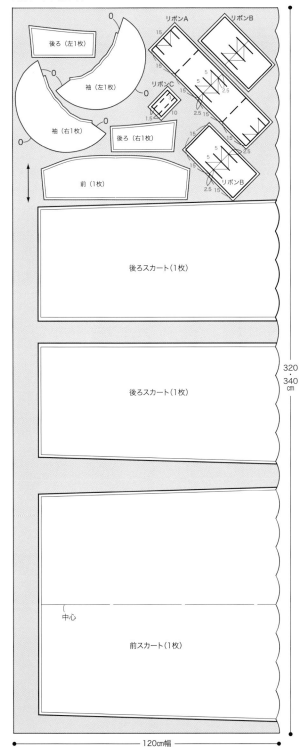

Empire line
Style 2 エンパイアライン

応用 2　page 16

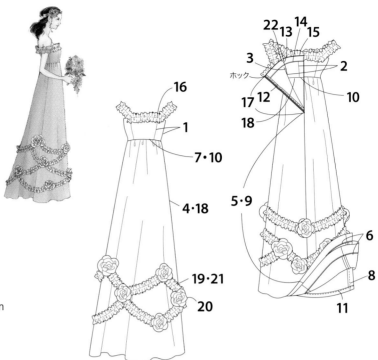

● 材料

表布＝110cm幅
(S、M)5m60cm、(ML、L)5m90cm
別布＝110cm幅
(S、M)2m60cm、(ML、L)2m90cm
裏布＝90cm幅
(S、M)2m50cm、(ML、L)2m70cm
接着芯＝90cm幅40cm
コンシールファスナー＝56cm1本
サテンリボン＝1.2cm幅1m、1.5cm幅50cm
ボーン＝0.8cm幅1m、1.2cm幅20cm
スプリングホック＝1組み

● 準備

表身頃と見返しに接着芯をはる。見返し奥にMをかける。
※Mは「ロックミシンをかける」の略。

● 縫い方順序

1. 表身頃(表布、別布)の切替え線と脇をそれぞれ縫う。縫い代は割る
2. 裏身頃(裏布)の切替え線と脇をそれぞれ縫う。縫い代は割る
3. 脇縫い代にサテンリボンを縫いとめてボーンを通す(p.47 **2**)
4. 表スカート(表布、別布)の脇をそれぞれ縫う。縫い代は割る
5. 表スカート(表布、別布)の後ろ中心のあき止りから裾までをそれぞれ縫う。縫い代は割る
6. 表スカート(表布、別布)の裾にそれぞれMをかけ、二つ折りにしてまつる
7. 表スカート(表布、別布)を重ね、2枚一緒にウエストギャザーミシンをかけてつけ寸法に縮める
8. 裏スカートのダーツと脇をきせをかけて縫う。縫い代はダーツは中心側に、脇は後ろ側に倒す
9. 裏スカートの後ろ中心のあき止りから裾までをきせをかけて縫う。縫い代は右側に倒す
10. 表身頃と表スカート、裏身頃と裏スカートのウエストを縫う。縫い代は身頃側に倒す
11. 裏スカートの裾を2cmの三つ折りにして始末する
12. 別布のあき止りの縫い代に切込みを入れ、表布のあきの縫い代を重ねてコンシールファスナーをつける
13. 見返しの脇を縫う。縫い代は割る
14. 表身頃と裏身頃を外表に合わせる
15. 表身頃を見返しで縫い返す
16. 前後の肩布フリルをシャーリングする。縫い目の上にゴムシャーリングをする。前身頃の左右フリルつけ止り、後ろ身頃の左右フリルつけ止りの間にシャーリングした肩布フリルをつける
17. ファスナーテープに裏布をまつる
18. 表スカートと裏スカートをウエストと脇で中とじする
19. スカート裾飾りフリル布のシャーリングをする。粗い針目のギャザーミシンをかけて半分の寸法に縮める
20. 巻きバラを作る
21. 裾飾りフリル布と巻きバラをバランスよくとめつける
22. インナー挟み込みボーンをつける。(p.55 **20**)

16 シャーリングのしかた

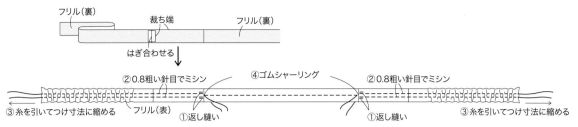

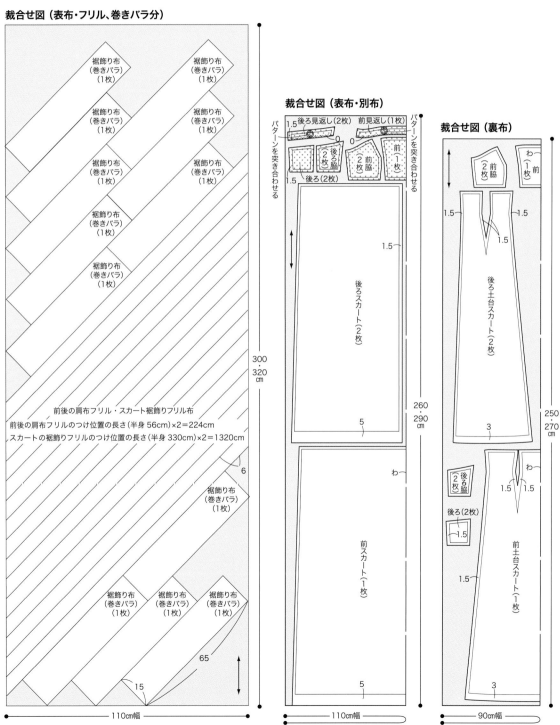

Empire line
Style 2 エンパイアライン

応用 3　page 18

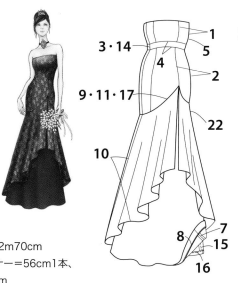
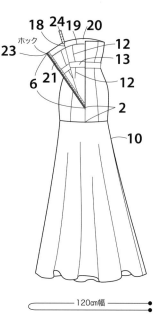

● 材料

表布（レース）＝120cm幅
（S、M）2m80cm、（ML、L）3m
表布（無地）＝120cm幅
（S、M）2m70cm、（ML、L）2m、90cm
裏布＝90cm幅（S、M）2m50cm、（ML、L）2m70cm
接着芯＝90cm幅40cm、コンシールファスナー＝56cm1本、
サテンリボン＝1.2cm幅1m、1.5cm幅50cm
ボーン＝0.8cm幅1m、1.2cm幅20cm、スプリングホック＝1組み

● 準備

表身頃と切替え布、見返しに接着芯をはる。見返し奥にMをかける。
※Mは「ロックミシンをかける」の略。

● 縫い方順序

1. 表身頃（レース・無地）の切替え線と脇をそれぞれ縫う。縫い代は割る
2. 表身頃下（レース・無地）の後ろ中心のあき止りから下、切替え線と脇をそれぞれ縫う。縫い代は割る
3. 前後切替え布（レース・無地）の脇をそれぞれ縫う。縫い代は割る
4. 表身頃、表身頃下と前後切替え布の上下をレース、無地それぞれ縫う。縫い代は割る
5. 脇縫い代にサテンリボンを縫いとめてボーンを通す（p.47 **2**）
6. レースのあき止りの縫い代に切込みを入れ、無地のあきの縫い代を重ねてコンシールファスナーをつける
7. 表スカートの脇を縫う。縫い代は割る
8. 表スカートの裾にMをかけ、二つ折りにしてまつる
9. 表スカートと身頃下切替え線を縫う。縫い代は身頃側に倒す
10. 前後オーバースカートの脇を縫い、前端から裾にMをかけ、二つ折りにしてまつる
11. オーバースカートと身頃下切替え線を縫う。縫い代は身頃側に倒す
12. 裏身頃と裏身頃下の切替え線をそれぞれきせをかけて縫う。縫い代は中心側に倒す
13. 裏身頃、裏身頃下と裏前後切替え布の上下を縫う。縫い代は割る
14. 裏身頃の脇をきせをかけて縫う。縫い代は後ろ側に倒す
15. 裏スカートの脇をきせをかけて縫う。縫い代は後ろ側に倒す
16. 裏スカートの裾を2cmの三つ折りにして始末する
17. 裏身頃下と裏スカートの切替えを縫う。縫い代は身頃側に倒す
18. 見返しの脇を縫う。縫い代は割る
19. 見返しと裏身頃を縫う。縫い代は身頃側に倒す
20. 表身頃と見返しを縫い返す
21. ファスナーテープに裏布をまつる
22. 表スカートと裏スカートをウエストと脇で中とじする
23. 上端にスプリングホックをつける
24. インナー挟み込みボーンをつける（p.55 **20**）

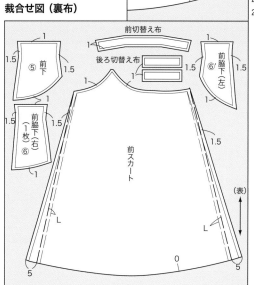

裁合せ図（裏布）

※Lサイズのみスカートのパターンが120cm幅では入りません。
裾線を裾で5cmカットして引き直してください。

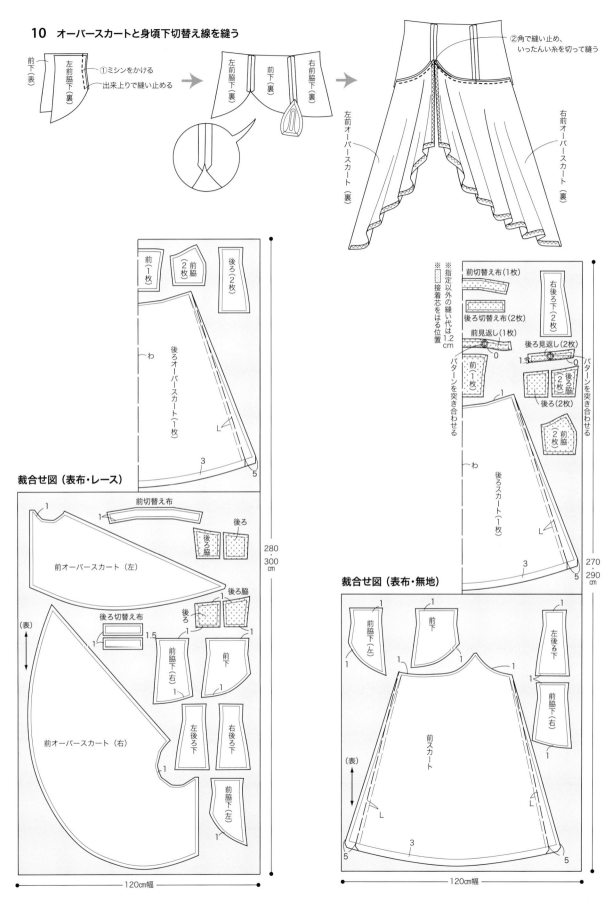

Princess line

Style 3 プリンセスライン

 page 20

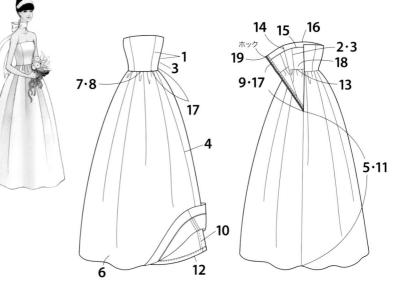

●材料
表布＝150cm幅
(S、M)2m30cm、(ML、L)2m50cm
別布＝110cm幅
(S、M)40cm、(ML、L)50cm
裏布(スカート分)＝90cm幅
(S、M)3m80cm、(ML、L)、4m40cm
接着芯＝90cm幅50cm
サテンリボン＝1.2cm幅1m50cm
ボーン＝0.8cm幅1m50cm
コンシールファスナー＝56cm1本
スプリングホック＝1組み

●準備
表身頃と見返しに接着芯をはる。見返し奥にMをかける。
※Mは「ロックミシンをかける」の略。

●縫い方順序
1　表身頃の切替え線と脇をそれぞれ縫う。縫い代は割る
2　裏身頃(別布)の切替え線と脇をそれぞれ縫う。縫い代は割る
3　縫い代にサテンリボンを縫いとめてボーンを通す
4　表スカートの脇を縫う。縫い代は割る
5　表スカートの後ろ中心のあき止りから裾までを縫う。縫い代は割る
6　表スカートの裾にMをかけ、二つ折りにしてまつる
7　表身頃のウエストにギャザーミシンをかける
8　表身頃と表スカートのウエストを縫う。縫い代は身頃側に倒す
9　コンシールファスナーをつける
10　裏スカートの脇をきせをかけて縫う。縫い代は後ろ側に倒す
11　裏スカートの後ろ中心のあき止りから裾までをきせをかけて縫う。縫い代は右側に倒す
12　裏スカートの裾を2cmの三つ折りにして始末する
13　裏身頃と裏スカートのウエストを縫う。縫い代は身頃側に倒す
14　見返しの脇を縫う。縫い代は割る
15　見返しと裏身頃を縫う
16　表身頃と見返しを縫い返す
17　ファスナーテープに裏布をまつる
18　表スカートと裏スカートをウエストと脇で中とじする
19　上端にスプリングホックをつける

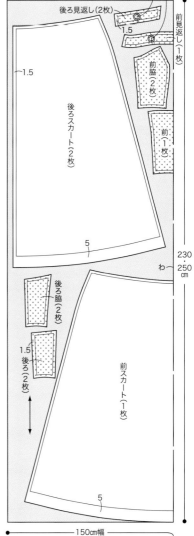

1　表身頃の切替え線と脇をそれぞれ縫う

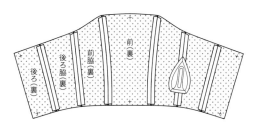

2　裏身頃（別布）の切替え線と脇をそれぞれ縫う
3　縫い代にサテンリボンを縫いとめてボーンを通す

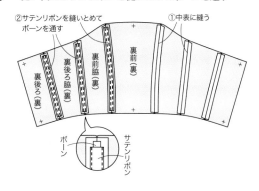

裁合せ図（別布）

裁合せ図（裏布）

16　表身頃と見返しを縫い返す

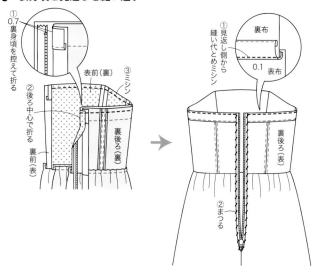

$\mathcal{P}$rincess line
Style 3　プリンセスライン

 page 22

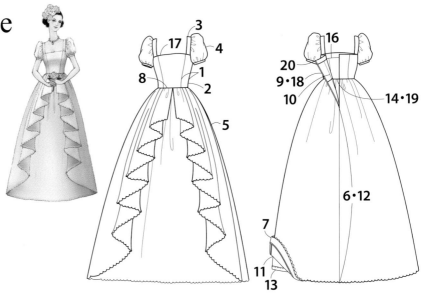

●材料
表布＝150cm幅
(S、M)5m60cm、(ML、L)6m10cm
別布(袖分)＝110cm幅30cm
裏布(身頃分)＝120cm幅40cm
裏布(スカート分)＝90cm幅
(S、M)3m80cm、(ML、L)4m20cm
接着芯＝90cm幅50cm
サテンリボン＝1.2cm幅1m50cm
ボーン＝0.8cm幅1m50cm
コンシールファスナー＝56cm1本
スプリングホック＝1組み

●準備
表身頃と見返しに接着芯をはる。見返し奥、スカートの脇にMをかける。
※Mは「ロックミシンをかける」の略。

●縫い方順序
1　表身頃のプリンセスラインと脇を縫う。縫い代は割る
2　縫い代にサテンリボンを縫いとめてボーンを通す(p.63)
3　身頃に肩布をつける
4　袖を作り、身頃につける
5　表スカートの脇を縫う。縫い代は割る
6　表スカートの後ろ中心のあき止りから裾までを縫う。縫い代は割る
7　表スカートとオーバースカートの裾にスカラップをつけて、裾を二つ折りにしてまつる
8　表身頃と表スカートのウエストを縫う。縫い代は割る
9　コンシールファスナーをつける
10　裏身頃のプリンセスラインと脇をきせをかけて縫う。縫い代はプリンセスラインは中心側に、脇は後ろ側に倒す
11　裏スカートの脇をきせをかけて縫う。縫い代は脇は後ろ側に倒す
12　裏スカートの後ろ中心のあき止りから裾までをきせをかけて縫う。縫い代は右側に倒す
13　裏スカートの裾を2cmの三つ折りにして始末する
14　裏身頃と裏スカートのウエストを縫う。縫い代はスカート側に倒す
15　見返しの脇を縫う。縫い代は割る
16　見返しと裏身頃を縫う。縫い代は身頃側に倒す
17　表身頃と見返しを縫い返す
18　ファスナーテープに裏布をまつる
19　表スカートと裏スカートをウエストと脇で中とじする
20　上端にスプリングホックをつける

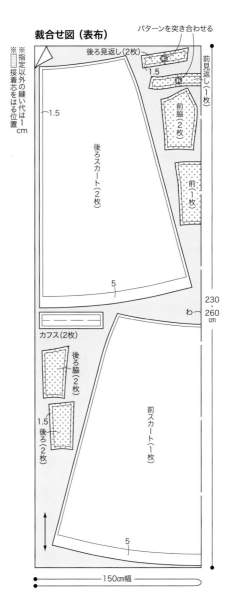

4 袖を作り、身頃につける

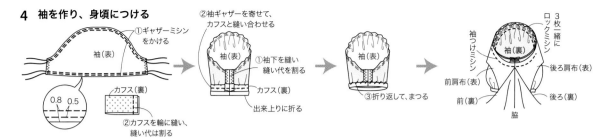

7 表スカートとオーバースカートの裾にスカラップをつける

裁合せ図（別布）

裁合せ図（裏布）

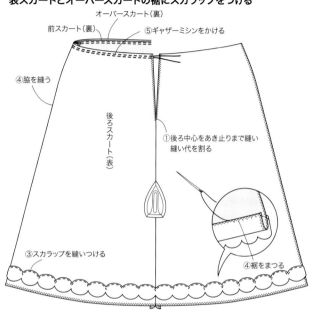

裁合せ図（裏布）

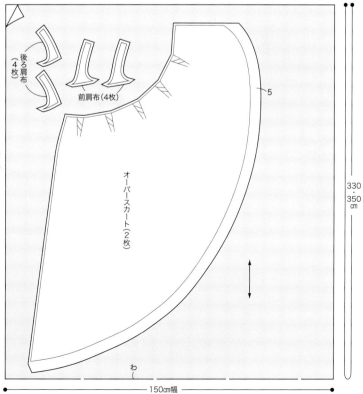

裁合せ図（表布）

$\mathcal{P}$rincess line
Style 3　プリンセスライン

応用 2　page 24

●材料
表布＝150cm幅
（S、M）2m50cm、（ML、L）2m70cm
レース＝150cm幅
（S、M）2m30cm、（ML、L）2m50cm
別布（身頃分）＝120cm幅
（S、M）40cm、（ML、L）50cm
裏布（スカート分）＝90cm幅
（S、M）3m80cm、（ML、L）4m20cm
接着芯＝90cm幅50cm
サテンリボン＝1.2cm幅1m50cm
ボーン＝0.8cm幅1m50cm
コンシールファスナー＝56cm1本
スプリングホック＝1組み

●準備
表身頃、見返しに接着芯をはる。
レースを仮どめする。

●縫い方順序
1　表身頃のプリンセスラインと脇を縫う。縫い代は割る
2　縫い代にサテンリボンを縫いとめてボーンを通す
3　表スカートの脇を縫う。縫い代は割る
4　表スカートの後ろ中心のあき止りから裾までを縫う。縫い代は割る
5　表スカートの裾を二つ折りにしてまつる
6　表身頃と表スカートのウエストを縫う。縫い代は割る
7　コンシールファスナーをつける
8　裏身頃のプリンセスラインと脇を縫う。縫い代は割る
9　裏スカートの脇をきせをかけて縫う。縫い代は後ろ側に倒す
10　裏スカートの後ろ中心のあき止りから裾までをきせをかけて縫う。縫い代は右側に倒す
11　裏スカートの裾を2cmの三つ折りにして始末する
12　裏身頃と裏スカートのウエストを縫う。縫い代はスカート側に倒す
13　見返しの脇を縫う。縫い代は割る
14　見返しと裏身頃を縫う。縫い代は割る
15　表身頃と見返しを縫い返す
16　ファスナーテープに裏布をまつる
17　表スカートと裏スカートをウエストと脇で中とじする
18　上端にスプリングホックをつける

裁合せ図（表布・レース）

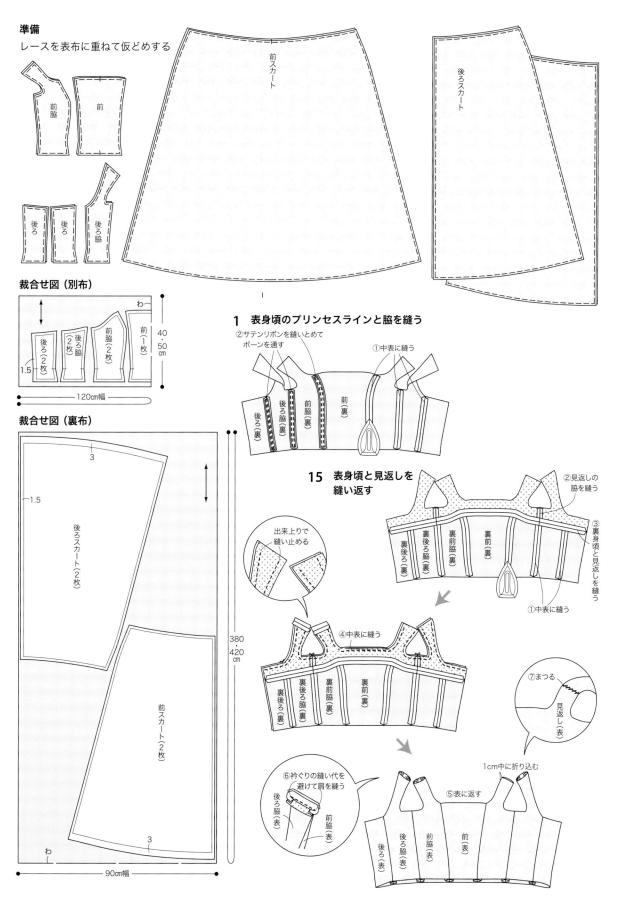

Princess line
Style 3 プリンセスライン

  page 26

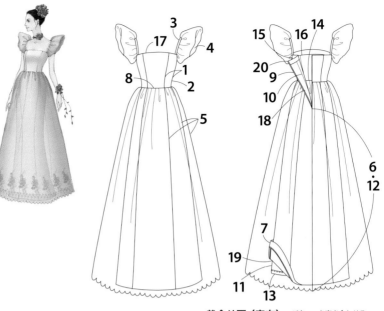

●材料
表布＝150cm幅
(S、M)2m30cm、(ML、L)2m50cm
別布＝150cm幅
(S、M)2m80cm、(ML、L)3m10cm
裏布＝120cm幅
(S、M)2m50cm、(ML、L)2m70cm
接着芯＝90cm幅50cm
サテンリボン＝1.2cm幅1m50cm
ボーン＝0.8cm幅1m50cm
コンシールファスナー＝56cm1本
スプリングホック＝1組み
スカラップレース＝3cm幅
(S、M)3m、(ML、L)3m50cm

●準備
表身頃、見返しに接着芯をはる。
オーバースカートの裾と脇をMで始末し、裾にスカラップレースをミシンでとめつけ、レースモチーフはまつりつける。
※Mは「ロックミシンをかける」の略。

●縫い方順序
1 表身頃のプリンセスラインと脇を縫う。縫い代は割る
2 縫い代にサテンリボンを縫いとめてボーンを通す(p.63 3)
3 身頃に肩布をつける
4 袖を作り、肩布につける
5 表スカートとオーバースカートの脇をそれぞれ縫う。縫い代は割る
6 表スカートとオーバースカートの後ろ中心のあき止りから裾までを縫う。縫い代は割る
7 表スカートの裾を二つ折りにしてまつる
8 表身頃と表スカートのウエストを縫う。縫い代は割る
9 コンシールファスナーをつける
10 裏身頃のプリンセスラインと脇をきせをかけて縫う。縫い代はプリンセスラインは中心側に、脇は後ろ側に倒す
11 裏スカートの脇をきせをかけて縫う。縫い代は後ろ側に倒す
12 裏スカートの後ろ中心のあき止りから裾までをきせをかけて縫う。縫い代は右側に倒す
13 裏スカートの裾を2cmの三つ折りにして始末する
14 裏身頃と裏スカートのウエストを縫う。縫い代はスカート側に倒す
15 見返しの脇を縫う。縫い代は割る
16 見返しと裏身頃を縫う。縫い代は身頃側に倒す
17 表身頃と見返しを縫い返す
18 ファスナーテープに裏布をまつる
19 表スカートと裏スカートをウエストと脇で中とじする
20 上端にスプリングホックをつける

裁合せ図（表布） パターンを突き合わせる

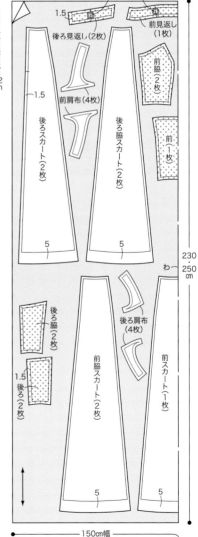

※表布、裏布のスカートは「Aライン基本」と同じパターンを使用します

●準備

裁合せ図（裏布）

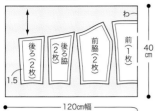

裁合せ図（別布）

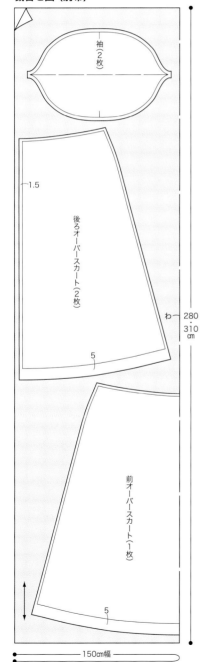

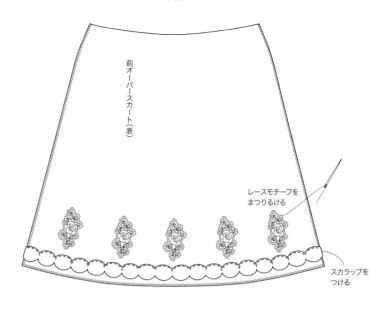

4　袖を作り、肩布につける

①袖口をわに外表に折る　折り目はアイロンをかけずにふっくらさせる

②粗い針目でギャザーミシンをかける

③ギャザーを寄せてロックミシンをかける

④肩布にミシンでとめる

Mermaid line
Style 4 マーメイドライン

基本　page 28

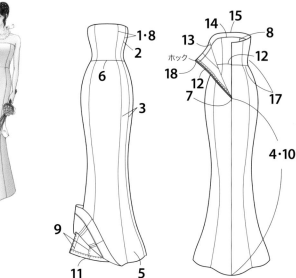

● 材料
表布＝150cm幅
(S、M)2m30cm、(ML、L)2m60cm
裏布＝120cm幅
(S、M)2m60cm、(ML、L)2m90cm
接着芯＝90cm幅
(S、M)50cm、(ML、L)60cm
コンシールファスナー＝56cm1本
サテンリボン＝1.2cm幅1m
ボーン＝0.8cm幅1m
スプリングホック＝1組み

● 準備
後ろ、後ろ脇、前脇、前、後ろ見返し、前見返しに接着芯をはる。
スカートのくせとりをする。
※Mは「ロックミシンをかける」の略。

● 縫い方順序
1　表身頃のパネルラインと脇を縫う。縫い代は割る
2　脇縫い代にサテンリボンを縫いとめてボーンを通す(p.47 2)
3　表スカートのパネルラインと脇を縫う。縫い代は割る
4　表スカートの後ろ中心のあき止りから裾までを縫う。縫い代は割る
5　表スカートの裾にMをかけ、二つ折りにしてまつる
6　表身頃と表スカートのウエストを縫う。縫い代は割る
7　コンシールファスナーをつける
8　裏身頃のパネルラインと脇をきせをかけて縫う。縫い代はパネルラインは中心側に、脇は後ろ側に倒す
9　裏スカートのパネルラインと脇をきせをかけて縫う。縫い代はパネルラインは中心側に、脇は後ろ側に倒す
10　裏スカートの後ろ中心のあき止りから裾までをきせをかけて縫う。縫い代は右側に倒す
11　裏スカートの裾を2cmの三つ折りにして始末する
12　裏身頃と裏スカートのウエストを縫う。縫い代はスカート側に倒す
13　見返しの脇を縫う。縫い代は割る
14　見返しと裏身頃を縫う。縫い代は身頃側に倒す
15　表身頃と見返しを縫い返す
16　ファスナーテープに裏布をまつる
17　表スカートと裏スカートをウエストと脇で中とじする
18　上端にスプリングホックをつける

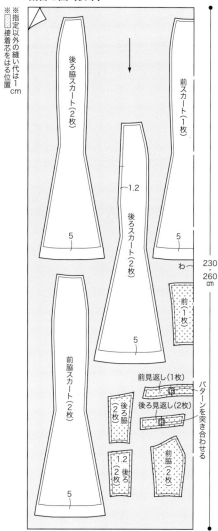

裁合せ図（表布）

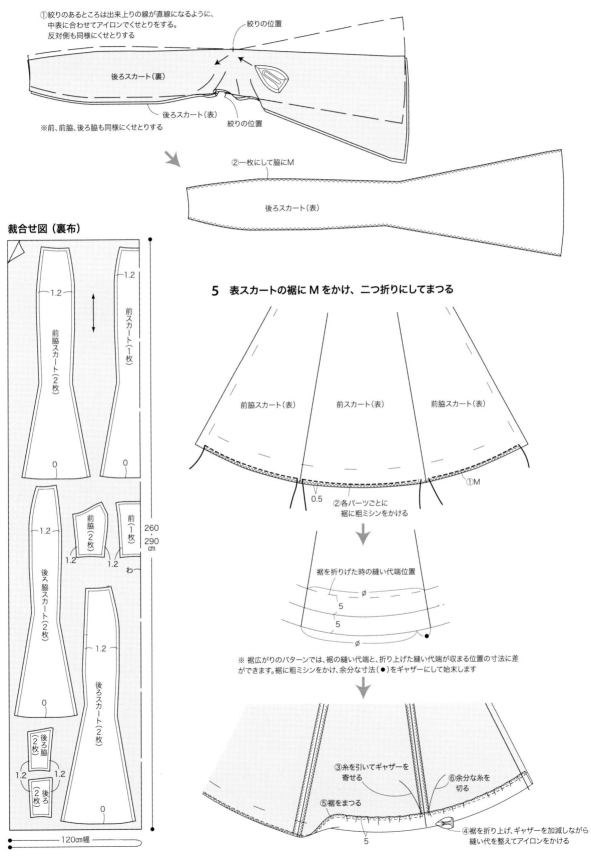

Mermaid line

Style 4　マーメイドライン

応用 1　page 30

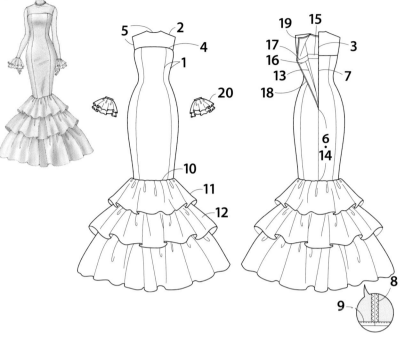

● 材料

表布＝150cm幅
(S、M)3m50cm、(ML、L)3m80cm
裏布＝120cm幅
(S、M)1m70cm、(ML、L)1m90cm
別布＝110cm幅70cm
接着芯＝90cm幅20cm
コンシールファスナー＝56cm1本
バイアステープ＝1.4cm幅1m
スプリングホック＝1組み

● 準備

後ろ見返し、前見返しに接着芯をはる。
※Mは「ロックミシンをかける」の略。

● 縫い方順序

1　表身頃のパネルラインと脇を縫う。縫い代は割る
2　ヨークの肩を縫い、2枚一緒にMをかける。縫い代は後ろ側に倒す
3　後ろ中心を三つ折りにして、表にひびかないようにまつる
4　表身頃とヨークを縫う。縫い代は下に倒す
5　衿ぐりと袖ぐりの始末をする。(p.49 6)
6　後ろ中心のあき止りから裾までを縫う。縫い代は割る
7　コンシールファスナーをつける
8　裾フリル土台布の脇にMをかけ、脇を縫う。縫い代は割る
9　裾フリル土台布の裾を二つ折りにしてM
10　身頃と裾フリル土台布を縫い合わせる
11　裾フリルの脇にMをかけ、脇を縫う。縫い代は割る
12　裾フリルを土台布に縫いつける
13　裏身頃のパネルラインと脇をきせをかけて縫う。縫い代は後ろ側に倒す
14　裏身頃の後ろ中心のあき止りから裾までをきせをかけて縫う。縫い代は右側に倒す
15　見返しの脇を縫う。縫い代は割る
16　見返しと裏身頃を縫う。縫い代は裏身頃側に倒す
17　表身頃後と見返しの間にヨークをはさんで縫い返す
18　ファスナーテープに裏布をまつる
19　ヨーク上端にループとボタンをつける。(p.49 26)
20　袖フリルを作る

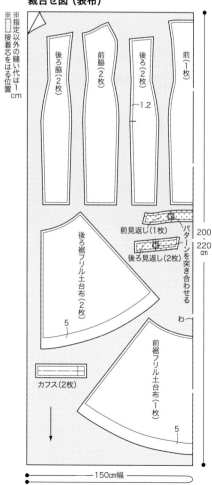

裁合せ図（表布）

20 袖フリルを作る

角の縫い代を斜めにカット

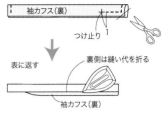

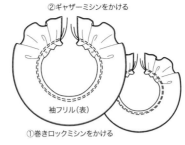

裁合せ図（裏布）

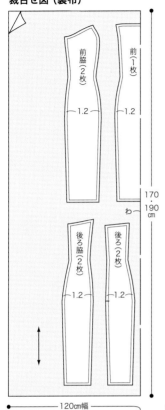

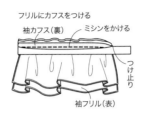
フリルにカフスをつける

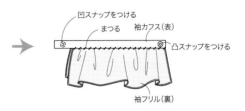

裁合せ図（別布）

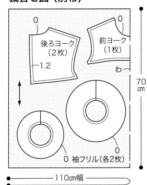

5 衿ぐりと袖ぐりの始末をする

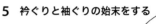

衿ぐりの始末はp.49参照
袖ぐりの始末は衿ぐりと同様にパイピング
脇で1折り、重ねてミシンをかける

8 裾フリル土台布の脇にMをかけ、脇を縫う

12 裾フリルを土台布に縫いつける

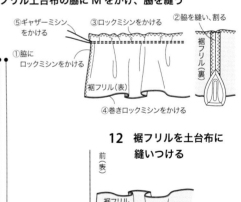

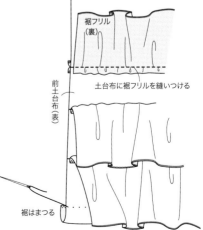

裁合せ図（表布）

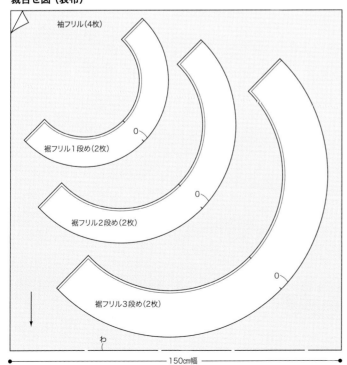

Mermaid line
Style 4 マーメイドライン

応用 2　page 32

●材料
表布＝150cm幅
(S、M)2m30cm、(ML、L)2m50cm
裏布＝120cm幅
(S、M)2m50cm、(ML、L)2m70cm
別布＝110cm幅30cm
別布(レース)＝140cm幅2m60cm
接着芯＝90cm幅20cm
コンシールファスナー＝56cm1本
ボーン＝0.8cm幅
(S、M)2m10cm、(ML、L)2m30cm
バイアステープ＝1.2cm幅
(S、M)2m10cm、(ML、L)2m30cm
パールビーズ＝直径1.5cm(S)48個、(M)50個
(ML)52個、(L)54個
ホック＝1組み、スナップ＝直径1.5cm2組み

●準備
後ろ見返し、前見返しに接着芯をはる。
※Mは「ロックミシンをかける」の略。

●縫い方順序
1　表身頃のパネルラインと脇を縫う。縫い代は割る
2　前ヨークの脇を始末してギャザーミシンをかける
3　衿を縫う
4　衿と前ヨーク縫い合わせる
5　後ろ中心のあき止りから裾までを縫う。縫い代は割る
6　コンシールファスナーをつける
7　表スカートの脇を縫う。縫い代は割る
8　スカートの裾を二つ折りにしてまつる
9　身頃とスカートを縫う。縫い代は下に倒す
10　裏身頃のパネルラインと脇をきせをかけて縫う。縫い代は
　　パネルラインは中心側に、脇は後ろ側に倒す
11　裏身頃の後ろ中心のあき止りから裾まで
　　きせをかけてを縫う。縫い代は右側に倒す
12　裏スカートの脇をきせをかけて縫う。縫い代は後ろに倒す
13　裏スカートの裾をバイアステープで始末し、ボーンを入れる
14　見返しの脇を縫う。縫い代は割る
15　見返しと裏身頃を縫う。縫い代は裏身頃側に倒す
16　表身後と見返しの間に前ヨークをはさんで縫い返す
17　ファスナーテープに裏布をまつる
18　表スカートと裏スカートに糸ループをつける
19　上端にスプリングホックをつける
20　衿にパールビーズをつける
21　マントとリボンを作る

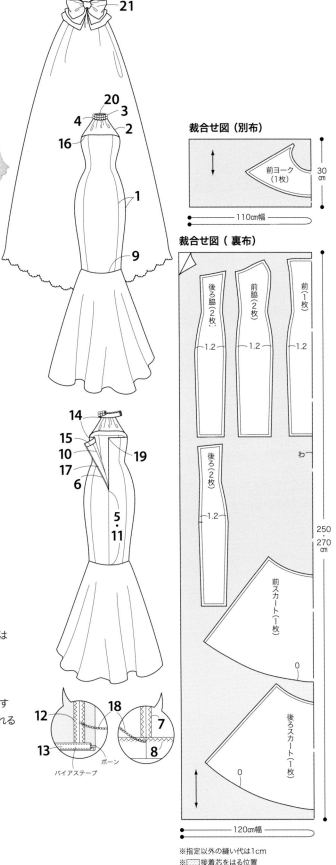

※指定以外の縫い代は1cm
※▨接着芯をはる位置

裁合せ図（表布）

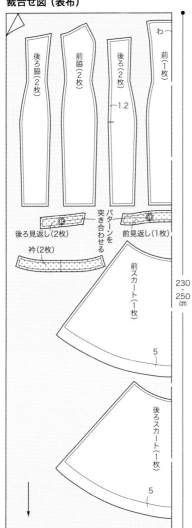

- 後ろ脇（2枚）
- 前脇（2枚）
- 後ろ（2枚）
- 前（1枚）わ
- 1.2
- 後ろ見返し（2枚）
- 前見返し（1枚）パターンを突き合わせる
- 衿（2枚）
- 前スカート（1枚）
- 後ろスカート（1枚）
- 230〜250cm
- 5
- 150cm幅

2　前ヨークの脇を始末してギャザーミシンをかける

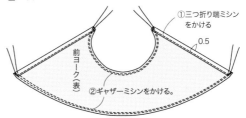

①三つ折り端ミシンをかける
0.5
前ヨーク（表）
②ギャザーミシンをかける。

3　衿を縫う

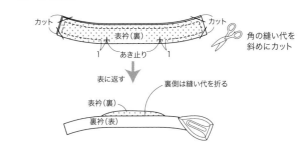

カット　カット
表衿（裏）
角の縫い代を斜めにカット
1　あき止り　1
表に返す
裏側は縫い代を折る
表衿（裏）
裏衿（表）

4　衿と前ヨーク縫い合わせる

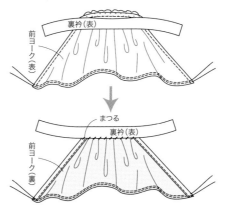

裏衿（表）
前ヨーク（表）
まつる
裏衿（表）
前ヨーク（裏）

13　裏スカートの裾にボーンを入れる

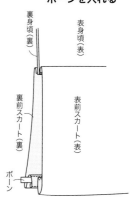

裏身頃（裏）
表身頃（表）
裏前スカート（裏）
表前スカート（表）
ボーン

裁合せ図（別布）※マントとリボン裁合せ図の寸法で、じか裁ちする

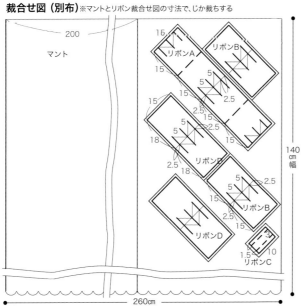

- 200　マント
- 16　リボンA　リボンB
- 15　5　2.5
- 15　5　2.5　2.5
- 18　リボンB　15
- 5　2.5
- 18　リボンB
- 15　5　2.5
- リボンD　1.5　10　リボンC
- 140cm幅
- 260cm

21　リボンとマントを作る

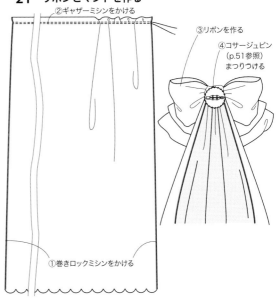

②ギャザーミシンをかける
③リボンを作る
④コサージュピン（p.51参照）まつりつける
①巻きロックミシンをかける

Mermaid line
Style 4 マーメイドライン

応用 3 | page 34

●材料
表布＝150cm幅
(S、M)2m40cm、(ML、L)2m60cm
別布＝110cm幅
(S、M)90cm、(ML、L)1m10cm
裏布＝120cm幅
(S、M)1m70cm、(ML、L)1m90cm
接着芯＝90cm幅20cm
コンシールファスナー＝56cm1本
バイアステープ(両折りタイプ)＝1.3cm幅10cm
スプリングホック1組み

●準備
後ろ見返し、前見返しに接着芯をはる。
※Mは「ロックミシンをかける」の略。

●縫い方順序
1. 表身頃のパネルラインと脇を縫う。縫い代は割る
2. 後ろ中心のあき止りから切替えまで縫う。縫い代は割る
3. コンシールファスナーをつける
4. 表スカートの脇を縫う。縫い代は割る
5. 表スカートの裾に巻きロックミシンをかける
6. 身頃とスカートを縫う。縫い代は身頃側に倒す
7. 肩布とひざ布を作る
8. 巻きバラを作る。(p.51 23)
9. 裏身頃のパネルラインと脇をきせをかけて縫う。縫い代はパネルラインは中心側に、脇は後ろ側に倒す
10. 裏身頃の後ろ中心のあき止りから切替えまできせをかけて縫う。縫い代は右側に倒す
11. 見返しの脇を縫う。縫い代は割る
12. 見返しと裏身頃を縫う。縫い代は裏身頃側に倒す
13. 表身頃と見返しの間に肩布をはさんで縫い返す
14. ひざ布をつける
15. ファスナーテープと切替えに裏布をまつる
16. 巻きバラをつける
17. 上端にスプリングホックをつける

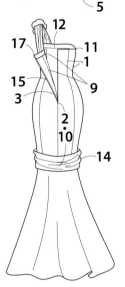

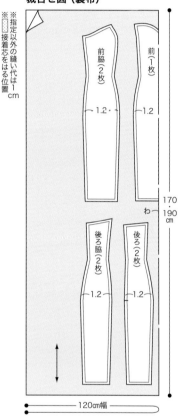

裁合せ図（裏布）

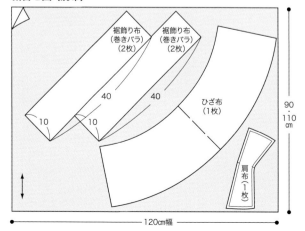

裁合せ図（別布）

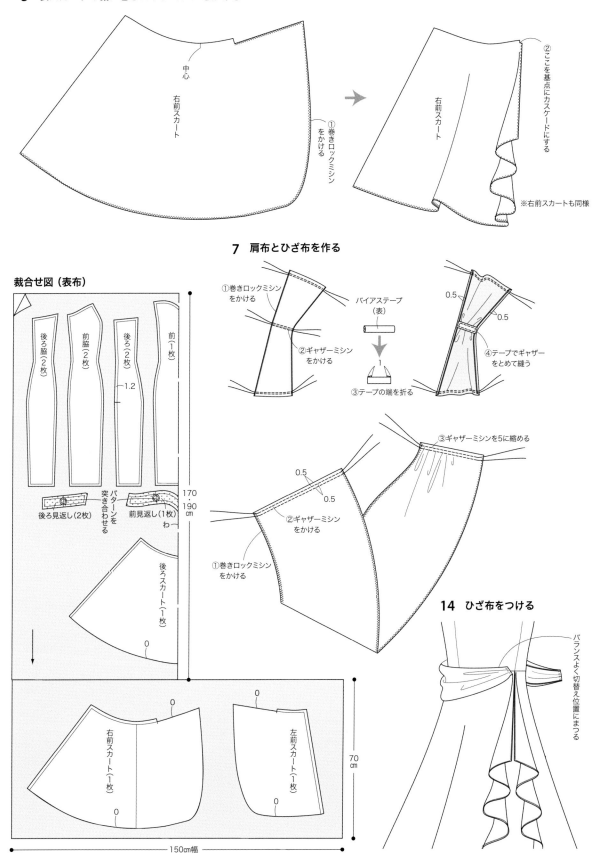

Bustle line
Style 5　バッスルライン

基本　page 36

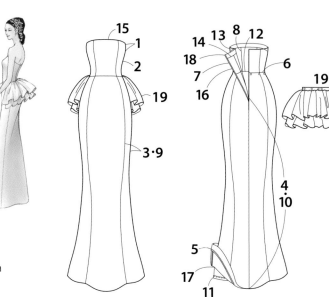

●材料
表布＝150cm幅
(S、M)2m30cm、(ML、L)2m50cm
別布＝120cm幅70cm
裏布＝120cm幅
(S、M)2m60cm、(ML、L)2m80cm
接着芯＝90cm幅(S、M)60cm、(ML、L)70cm
コンシールファスナー＝56cm1本
サテンリボン＝1.2cm幅1m
ボーン＝0.8cm幅1m
スプリングホック＝1組み

●準備
後ろ、後ろ脇、前脇、前、後ろ見返し、前見返しに接着芯をはる。
※Mは「ロックミシンをかける」の略。

●縫い方順序
1　表身頃のパネルラインと脇を縫う。縫い代は割る
2　脇縫い代にサテンリボンを縫いとめてボーンを通す(p.47 2)
3　表スカートのパネルラインと脇を縫う。縫い代は割る
4　表スカートの後ろ中心のあき止りから裾までを縫う。縫い代は割る
5　表スカートの裾にMをかけ、二つ折りにしてまつる
6　表身頃と表スカートのウエストを縫う。縫い代は割る
7　コンシールファスナーをつける
8　裏身頃のパネルラインと脇をきせをかけて縫う。縫い代はパネルラインは中心側に、脇は後ろ側に倒す
9　裏スカートのパネルラインと脇をきせをかけて縫う。縫い代はパネルラインは中心側に、脇は後ろ側に倒す
10　裏スカートの後ろ中心のあき止りから裾までをきせをかけて縫う。縫い代は右側に倒す
11　裏スカートの裾を2cmの三つ折りにして始末する
12　裏身頃と裏スカートのウエストを縫う。縫い代はスカート側に倒す
13　見返しの脇を縫う。縫い代は割る
14　見返しと裏身頃を縫う。縫い代は身頃側に倒す
15　表身頃と見返しを縫い返す
16　ファスナーテープに裏布をまつる
17　表スカートと裏スカートをウエストと脇で中とじする
18　上端にスプリングホックをつける
19　バッスル布を作る

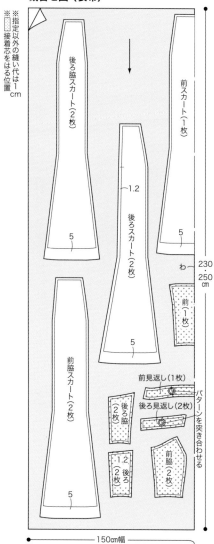

裁合せ図（表布）

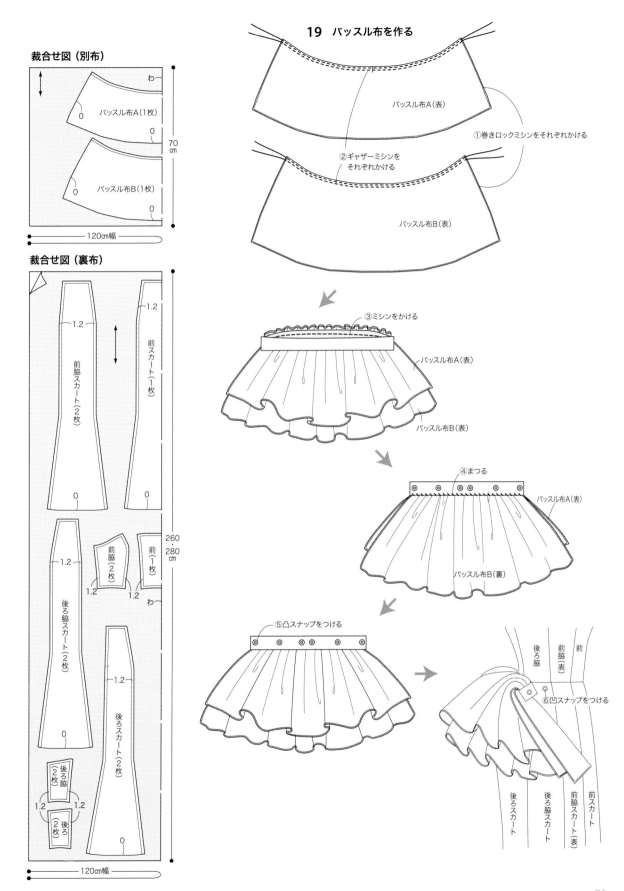

$\mathscr{B}$ustle line
Style 5　バッスルライン

応用 1　page 38

●材料
表布＝150cm幅
(S、M)3m、(ML、L)3m20cm
裏布＝120cm幅
(S、M)2m60cm、(ML、L)2m80cm
接着芯＝90cm幅
(S、M)60cm、(ML、L)70cm
コンシールファスナー＝56cm1本
サテンリボン＝1.2cm幅1m
ボーン＝0.8cm幅1m
スプリングホック＝1組み

●準備
後ろ、後ろ脇、前脇、前、後ろ見返し、前見返しに接着芯をはる。
※Mは「ロックミシンをかける」の略。

●縫い方順序
1 　表身頃のパネルラインと脇を縫う。縫い代は割る
2 　脇縫い代にサテンリボンを縫いとめてボーンを通す(p.47 2)
3 　表スカートのパネルラインと脇を縫う。縫い代は割る
4 　表スカートの後ろ中心のあき止りから裾までを縫う。縫い代は割る
5 　表スカートの裾にMをかけ、二つ折りにしてまつる
6 　ペプラムを作る
7 　表身頃と表スカートのウエストをペプラムを挟んで縫う。縫い代は割る
8 　コンシールファスナーをつける
9 　裏身頃のパネルラインと脇をきせをかけて縫う。縫い代はパネルラインは中心側に、脇は後ろ側に倒す
10　裏スカートのパネルラインと脇をきせをかけて縫う。縫い代はパネルラインは中心側に、脇は後ろ側に倒す
11　裏スカートの後ろ中心のあき止りから裾までをきせをかけて縫う。縫い代は右側に倒す
12　裏スカートの裾を2cmの三つ折りにして始末する
13　裏身頃と裏スカートのウエストを縫う。縫い代はスカート側に倒す
14　見返しの脇を縫う。縫い代は割る
15　見返しと裏身頃を縫う。縫い代は身頃側に倒す
16　フリルを作る
17　見返しと表身頃にフリルを挟んで縫う。縫い代は身頃側に倒す
18　表身頃と見返しを縫い返す
19　ファスナーテープに裏布をまつる
20　表スカートと裏スカートをウエストと脇で中とじする
21　上端にスプリングホック、ペプラムのあきにスナップをつける

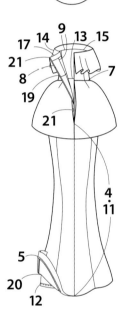

裁合せ図（裏布）

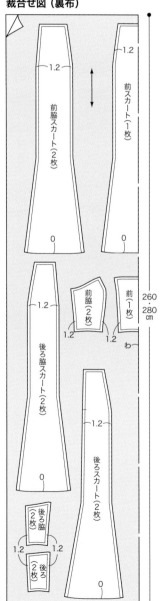

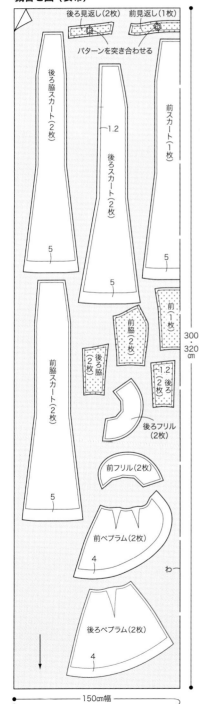
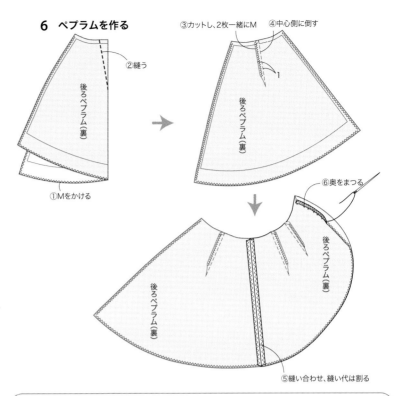
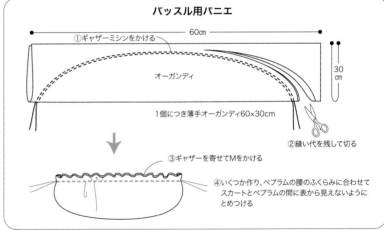
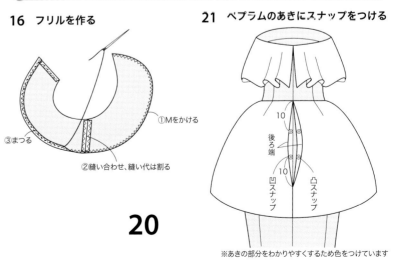

Bustle line

Style 5 バッスルライン

応用 2　page 40

●材料
表布＝150cm幅
(S、M)2m30cm、(ML、L)2m50cm
別布A＝110cm幅
(S、M)3m20cm、(ML、L)3m40cm
別布B＝110cm幅30cm
裏布＝120cm幅
(S、M)2m60cm、(ML、L)2m80cm
接着芯＝90cm幅
(S、M)60cm、(ML、L)70cm
コンシールファスナー＝56cm1本
サテンリボン＝1.2cm幅1m
ボーン＝0.8cm幅1m
スプリングホック＝1組み

●準備
後ろ、後ろ脇、前脇、前、後ろ見返し、前見返し、衿に接着芯をはる。
※Mは「ロックミシンをかける」の略。

●縫い方順序

1. 表身頃のパネルラインと脇を縫う。縫い代は割る
2. 脇縫い代にサテンリボンを縫いとめてボーンを通す(p.47 2)
3. 衿を縫う
4. 衿と前ヨーク縫い合わせる
5. 表スカートのパネルラインと脇を縫う。縫い代は割る
6. 表スカートの後ろ中心のあき止りから裾までを縫う。縫い代は割る
7. 表スカートの裾にMをかけ、二つ折りにしてまつる
8. 表身頃と表スカートのウエストを縫う。縫い代は割る
9. コンシールファスナーをつける
10. 裏身頃のパネルラインと脇をきせをかけて縫う。縫い代はパネルラインは中心側に、脇は後ろ側に倒す
11. 裏スカートのパネルラインと脇をきせをかけて縫う。縫い代はパネルラインは中心側に、脇は後ろ側に倒す
12. 裏スカートの後ろ中心のあき止りから裾までをきせをかけて縫う。縫い代は右側に倒す
13. 裏スカートの裾を2cmの三つ折りにして始末する
14. 裏身頃と裏スカートのウエストを縫う。縫い代はスカート側に倒す
15. 見返しと裏身頃を縫う。縫い代は身頃側に倒す
16. 見返しと裏身頃を縫い返す
17. 表身頃と見返しを縫う。縫い代は身頃側に倒す
18. ファスナーテープに裏布をまつる
19. 表スカートと裏スカートをウエストと脇で中とじする
20. 上端にスプリングホックをつける
21. 衿とウエストににスナップをつける
22. バッスルを作る

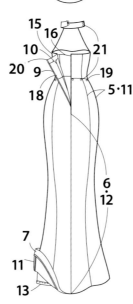
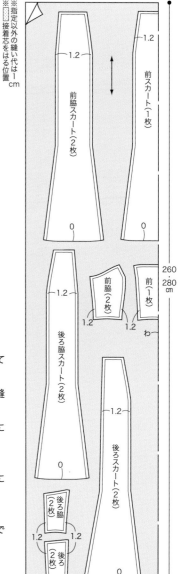

裁合せ図（裏布）

21 衿にスナップをつける

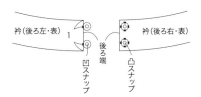

22 バッスルを作る

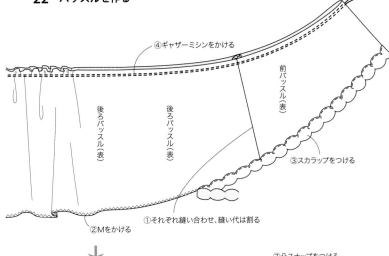

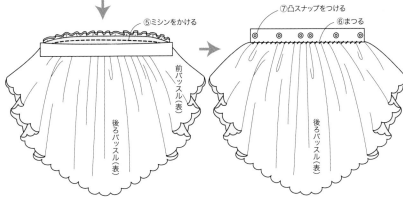

裁合せ図（別布B）

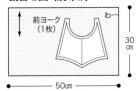

裁合せ図（表布）

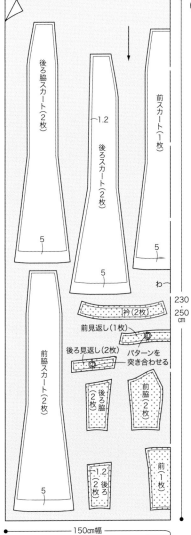

裁合せ図（別布A）

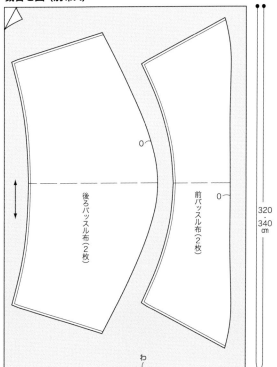

$\mathcal{B}$ustle line
Style 5　バッスルライン

応用 3　page 42

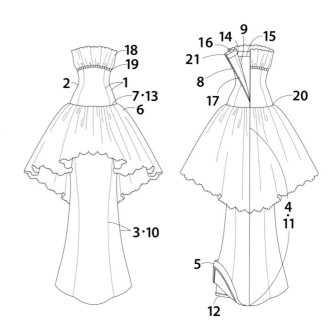

● 材料
表布＝150cm幅
(S、M)2m10cm、(ML、L)2m30cm
別布(両耳スカラップレース)＝110cm幅
(S、M)3m20cm、(ML、L)3m60cm
裏布＝120cm幅
(S、M)2m30cm、(ML、L)2m50cm
接着芯＝90cm幅90cm
コンシールファスナー＝56cm1本
サテンリボン＝1.2cm幅1m
ボーン＝0.8cm幅1m
パールビーズ＝直径1cm(S)78個、(M)82個、(ML)86個、(L)90個
スプリングホック＝1組み

● 準備
後ろ、後ろ脇、前脇、前、後ろ見返し、前見返しに接着芯をはる。
※Mは「ロックミシンをかける」の略。

● 縫い方順序
1　表身頃のパネルラインと脇を縫う。縫い代は割る
2　脇縫い代にサテンリボンを縫いとめてボーンを通す(p.47 2)
3　表スカートのパネルラインと脇を縫う。縫い代は割る
4　表スカートの後ろ中心のあき止りから裾までを縫う。縫い代は割る
5　表スカートの裾にMをかけ、二つ折りにしてまつる
6　バッスルを作る
7　表身頃と表スカートのウエストをバッスルを挟んで縫う。縫い代は割る
8　コンシールファスナーをつける
9　裏身頃のパネルラインと脇をきせをかけて縫う。縫い代はパネルラインは中心側に、脇は後ろ側に倒す
10　裏スカートのパネルラインと脇をきせをかけて縫う。縫い代はパネルラインは中心側に、脇は後ろ側に倒す
11　裏スカートの後ろ中心のあき止りから裾までをきせをかけて縫う。縫い代は右側に倒す
12　裏スカートの裾を2cmの三つ折りにして始末する
13　裏身頃と裏スカートのウエストを縫う。縫い代はスカート側に倒す
14　見返しの脇を縫う。縫い代は割る
15　見返しと裏身頃を縫う。縫い代は身頃側に倒す
16　表身頃と見返しを縫い返す
17　ファスナーテープに裏布をまつる
18　フリルを作る
19　身頃にフリルつけて、パールビーズをつける
20　表スカートと裏スカートをウエストと脇で中とじする
21　上端にスプリングホックをつける

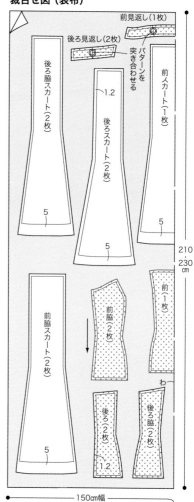

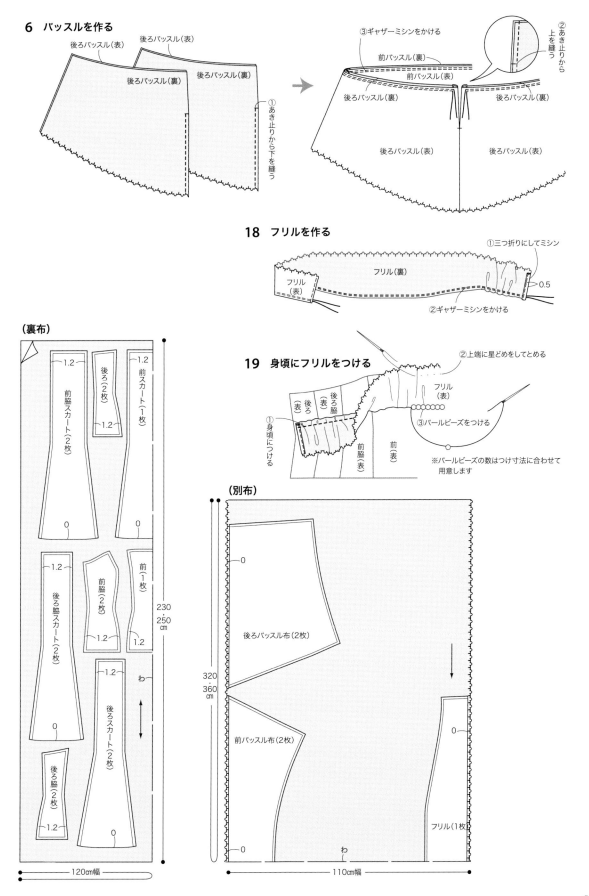

パニエ

Style 1 Aライン
Style 3 プリンセスライン

●材料

表布（ハードツイル）＝130cm幅
(S、M)1m50cm、(ML、L)1m70cm
表布（ソフトチュール）＝186cm幅
6m60cm
ゴムテープ＝2cm幅、S=63cm、
M=66cm、ML=69cm、L=72cm
Zかん＝内径2cmを1個

●準備

後ろ中心、前中心、脇、ウエスト、裾にM。
※Mは「ロックミシンをかける」の略

●縫い方順序

1. 後ろ中心のあき止りから裾までを縫う
  縫い代は割る。あきを二つ折りにして縫う
2. 脇を縫う。縫い代は割る
3. 裾を二つ折りにして縫う
4. ウエストにゴムテープをつける
5. Zかんをつける
6. チュールの後ろ中心を縫う。縫い代は割る。ギャザーを寄せて土台布につける

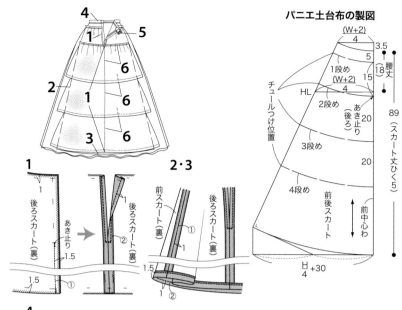

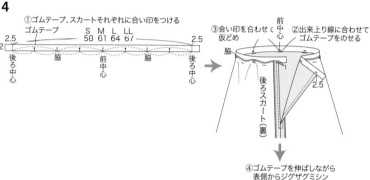

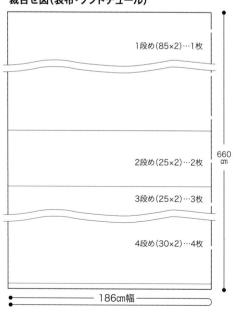

裁合せ図（表布・ソフトチュール）

1段め(85×2)…1枚
2段め(25×2)…2枚
3段め(25×2)…3枚
4段め(30×2)…4枚

186cm幅
660cm

裁合せ図（表布・ハードツイル）

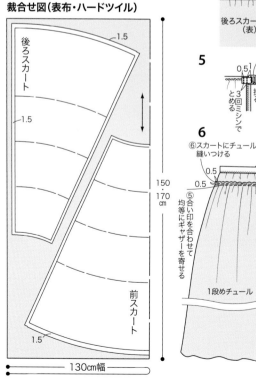

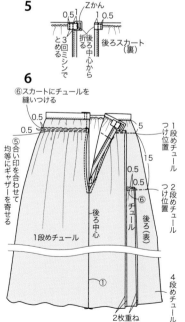

原型について

文化式原型成人女子実物大パターンを利用した製図

付録の実物大パターンはS、M、ML、Lにグレーディングした4サイズの展開です。p.45のサイズ表以外のサイズのかたにも利用していただけるよう、「文化式原型成人女子」からの製図を掲載しました。付録の実物大パターン1面に、「ウェディング＆カラードレス用原型　5〜21号」があります。通常の文化式原型成人女子はウエストダーツの案内線がありますが、ここでは製図に必要のない原型線は省いたものです。「ウェディング＆カラードレス用原型」のサイズ表を参考に、原型から各デザインの製図をしてください。尚、原型のサイズにより布地の使用量が変わってきますので注意してください。

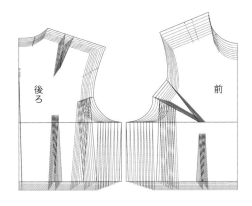

文化式原型成人女子

ウェディング＆カラードレス原型サイズ表

（単位はcm）

サイズ（号）	バスト	背丈
5	77	38
7	80	
9	83	
11	86	
13	89	
15	92	
17	96	
19	100	
21	104	

※バストはヌード寸法。
原型にはバストで12cmのゆとりが入っています。

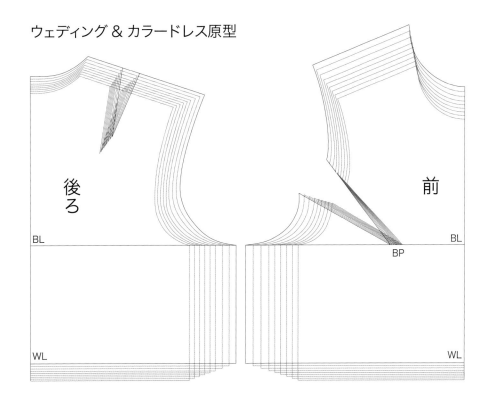

ウェディング＆カラードレス原型

dress design
野中慶子 Keiko Nonaka
昭和女子大学短期大学部初等教育学科卒業後、
文化服装学院に入学し技術専攻科卒業。
同学院講師を経て、文化服装学院服飾造形の教授として教鞭をとる。
現在、学校法人文化学園顧問、一般財団法人日本ファッション教育振興協会理事長。
元文化服装学院副学院長。
財団法人衣服研究振興会第17回「衣服研究奨励賞」受賞。

illustration
岡本あづさ Azusa Okamoto
文化服装学院アパレルデザイン科卒業。
文化学園非常勤講師、ファッションデザイン画講師として教鞭をとる。

digital illustration
松尾一弘 Kazuhiro Matsuo
文化服装学院アパレルデザイン科卒業。
文化服装学院 関連学科 情報教育専任助手を退職後、
現在、動画クリエイターとして従事。

ブックデザイン　岡山とも子
布地撮影　安田如水（文化出版局）
デジタルトレース　文化フォトタイプ
パターングレーディング　上野和博
校閲　向井雅子
作り方解説　小林涼子　鈴木光子　高木ますき
協力　文化学園ファッションリソースセンター
編集協力　山﨑舞華
編集　平山伸子（文化出版局）

[参考書籍]
『服飾図鑑　改訂版』『ファッション辞典』『2wey ウェディングドレス』（文化出版局）

【好評既刊】

『パターンのバリエーションを楽しむ
Dress Style Book』
8つの基本スタイルから32点の応用デザインを。
基本スタイルのS・M・ML・Lの実物大パターンつき。

『服飾図鑑 改訂版』
服飾に関することはもちろん、発展の著しいスポーツウェアまで、わかりやすいイラストで紹介。デザインソースとしても役立つように最新のイラストで再構成しています。全項目に英語の対訳つき。

カスタマイズできるウェディング＆カラードレス

2017年3月26日　第1刷発行
2023年9月15日　第2刷発行
著　者　野中慶子　岡本あづさ　松尾一弘
発行者　清木孝悦
発行所　学校法人文化学園 文化出版局
　　　　〒151-8524　東京都渋谷区代々木3-22-1
　　　　tel.03-3299-2489（編集）
　　　　tel.03-3299-2540（営業）
印刷・製本所　株式会社文化カラー印刷

©Keiko Kushigemachi, Azusa Okamoto, Kazuhiro Matsuo 2017　Printed in Japan
本書の写真、カット及び内容の無断転載を禁じます。

・本書のコピー、スキャン、デジタル化等の無断複製は著作権法上での例外を除き、禁じられています。
本書を代行業者等の第三者に依頼してスキャンやデジタル化することは、
たとえ個人や家庭内の利用でも著作権法違反になります。
・本書で紹介した作品の全部または一部を商品化、複製頒布、及び
コンクールなどの応募作品として出品することは禁じられています。

文化出版局のホームページ　https://books.bunka.ac.jp/